에드워드 L. 로우니 Edward L. Rowny

에드워드 L. 로우니 장군(1917년 出生, 폴란드계 미국인)은 미 육군 중장과 대사를 역임했다. 1941년에 육군사관학교를 졸업한 그는 2차 세계대전, 한국전쟁, 베트남전의 여러 전쟁에서 용맹함을 인정받아 수 많은 훈장과 포장을 받았다.

한국전쟁이 발발했을 때, 맥아더 극동군사령부의 당직장교였던 그는 최초로 북한의 남침소식을 듣고 맥아더 장군에게 직접 보고한 장본인이다. 이후 맥아더 장군을 도와 불가능하다는 인천상륙작전을 성공으로 이끌었고, 흥남철수작전에서는 흥남항을 폭파하고 마지막으로 철수한 인물이기도 하다. 또한 총 5명의 대통령들(닉슨, 포드, 카터, 레이건, 부시)의 군비통제 자문 및 협상가로 활동했고, 이러한 공로를 인정받아 1989년에 '힘의 정책을 통해서 평화를 구축한 주요 인물'로 선정되어 대통령 시민훈장을 받은 바 있다.

자신의 경험을 바탕으로 여러 권의 책과 회고록을 집필한 로우니 장군은 2004년 우수한 폴란드 학생들이 미국식 민주주의와 자본주의를 공부할 수 있도록 파데레프스키 장학재단을 설립했다. 현재 그는 미국 폴란드 자문위원회의 회장직을 맡고 있으며, 부인 엘리자베스와 함께 워싱턴 DC에 거주하고 있다.

옮긴이 정수영

한국외국어대학교 경제학과와 영어과를 졸업하고 동(同)대학원 영어교육학과 과정에 있다. 현재 전문번역가 겸 통역가로 활동 중이다.

운명의 1도

AN AMERICAN SOLDIER'S SAGA OF THE KOREAN WAR

By EDWARD L. ROWNY

Copyright © 2013 By EDWARD L. ROWNY All rights reserved

Korean edition copyright All © 2014 by WHOIAM Publishers, Inc.

인천상륙작전을 계획한 맥아더 장군 부관의 회고록

운명의 1도

에드워드 L. 로우니 지음

정수영 옮김

후아이엠

에드워드 L. 로우니 Edward L. Rowny는 퇴역 미 육군 중장으로, 제2차 전략무기 제한 협정SALT II 당시 합동참모본부 대표를 맡았다. 그는 5명의 대통령을 보좌했으며, 그 중에는 레이건 대통령과 부시 대통령의 군비 통제 특별자문관 역할도 포함되어 있었다. 그는 육군 수훈장 2개, 훈공장 2개, 은성훈장 4개, 동성훈장 1개(전투에서의 공로로 받은 것)를 받았다.

1917년 폴란드 이민자의 아들로 태어난 로우니는 1937년 존스 홉킨스 대학을 졸업하고, 같은 해 미 육군사관학교에 입학해 1941년 졸업했다. 졸업 후 소위 계급으로 공병 병과에 배치된 그는 예일 대학에서 석사 학위 2개를, 아메리칸 대학에서 박사 학위 1개를 취득했다.

1941년 육군사관학교를 졸업한 후 '노래하는 공병들'이라는 별칭을 지닌 제41공병연대에 배속되었다. 이후 그는 종전 시까지 당시 대령이었던 '스모키 조 우드' 장군 휘하에서 복무했다. 우드 장군은 용맹하면서도 혁신적인 장교로, 로우니의 진로에 큰 영향을 주었다.

1944년 9월 15일부터 유럽전쟁 전승기념일(1945년 5월 8일)까지 로우니는 보병부대 지휘관으로 복무하면서, 제2차세계대전 최악의 전투 중 하나였던 친쿠알레 작전에 참가했다.

1945년부터 1948년까지 육군부 작전과OPD에 근무하면서 일본 본토 상륙작전 기획에 참여했다. 그가 속해 있던 OPD 드림팀은 사람을 달에 보내겠다는 발상으로 세상을 놀라게 했다.

1949년 극동군 사령부FECOM에 배속되었다.

1950년 6월 북한이 남한을 침공하자 로우니는 맥아더 장군의 공식 대변인에 임명되었다. 그는 한국전쟁의 분수령인 인천상륙작전의 기획과 실행에 참여했다. 맥아더 장군은 인천상륙작전을 세계에서 22번째의 대전투로 불렀다. 로우니는 준장으로 임시 진급되어 제10군단의 공병여단장을 맡아, 한강을 건너는 부교를 만들어 서울 탈환에 기여했다.

1950년 후반 중국이 참전하자 그는 장진호에 포위된 해병대와 함께 극도의 추위 속에서도 비행장을 만들어 부상자를 후송했고, 공중투하로 보급받은 가교로 해병대를 탈출시켰다. 그는 미군의 북한 철수에 참가했으며, 10만 명의 북한인들을 탈출시킨 크리스마스 카고 작전을 기획하고 집행했다.

1951년과 1952년, 제34보병연대를 지휘하면서 한반도에서 벌어진 7번의 대전투에 참가했다.

1955년부터 1958년까지는 유럽 연합군 최고사령부SHAPE의 합동참모장으로 재직했다.

1963년 그는 베트남주둔 헬기투입작전ACTIV를 이끌면서, 대게릴라전 상황에서 무장 헬리콥터를 포함한 신개념 장비들을 실전 시험했다.

1965년부터 1967년까지 로우니는 제24보병사단장을 역임하면서, 유럽 주둔 미군 중 최악이었던 부대를 최고의 부대로 바꿔 놓았다. 1967년 그는 프랑스주둔 미군과 보급물자의 철수작전FRELOC을 기획 및 집행했다.

1968년부터 1969년까지 독일 슈투트가르트에 위치한 미국 유럽 사령부의 참모장으로 재직했다.

1970년부터 1971년까지 한국에서 제1군단장을 역임했다. 1971년 그는 북대서양 조약기기구NATO 군사위원회의 부의장에 취임했다.

1973년부터 1979년까지 제2차 전략무기 제한협정에서 합동참모본부 대표를 역임했다. 제2차 전략무기 제한협정이 불공평하며 부당하고 치명적 문제가 있다고 생각하던 그는 항의의 표시로 1979년 군에서 제대했다. 그는 1979년 하반기를 제2차 전략무기 제한협정의 비준 반대 운동을 이끌면서 보냈다.

1981년부터 1984년까지 전략무기 감축협상(START)의 선임 협상 대사로 재직했다. 그는 10년 넘게 이어지던 소련과의 협상을 마무리지었다. 그가 협상에 투입한 시간은 2,000시간 이상으로, 이는 미국인 협상관 중 최장시간으로 기록됐다.

1985년부터 1990년까지 레이건 대통령과 부시 대통령의 군비통제 특별자문관으로 일했다.

1989년 레이건 대통령으로부터 대통령 시민 훈장을 수여받았다. 그 훈장증에는 이렇게 적혀 있다. "에드워드 L. 로우니는 미국의 '힘을 통한 평화' 정책을 수립하는 데 중요한 역할을 했다. 그는 군사문제 협상가이자 대통령 자문관으로서, 자유와 평화를 위해 용기와 능력을 훌륭하게 발휘 했다."

1992년 로우니는 자신의 협상 경험을 다룬 책 〈It Takes One to Tango〉를 출간했다. 같은 해, 그는 이그나치 얀 파데레프스키의 유해를 폴란드에 송환하는 데 중심적인 역할을 함으로서 50년만에 숙원을 성취했다.

1995년부터 1999년 사이 그가 속해 있던 비정부기구NGO는 구 소련 영토 내의 핵무기 감축에 성공했다.

그는 두 번째 은퇴를 하기까지 약 20년간 군사문제 및 군비통제 자문으로 일했다. 2001년 9·11 테러공격 이후, 그가 이끈 대통령 자문단은 국토안보부 출범에 기여했다. 로우니는 현재 우드 장군이 자신의 인생에 미친 영향을 기록한 책 〈Two Related Lives〉을 쓰고 있다.

이 책을 출판하는데 많은 도움을 주신
조애나 로즈 윌리암스, 데이비드 존스, 마이클 크롤리, 폴 로우니 님에게
감사의 말씀을 전합니다.

명예훈장 수훈자 명단에 사진을 사용할 수 있도록 허락해주신
미국 플로리다주 프리포트의 존 & 수잔 베터 님과
미국 캘리포니아주 비스타의 존 'J-캣' 그리피스 님에게
특별히 감사의 인사를 전합니다.

(왼쪽부터) 모니카 스토이 예비역 대위, 에드워드 L. 로우니 장군,
차길진 회장, 티모시 스토이 예비역 중령

'운명의 1도' 원서를 들고 있는 로우니 장군과
이 책의 한국판 독점 출판권 계약서를 들고 있는 차길진 회장이 함께 기념 사진을 찍었다.

2014년 2월 6일
미국 워싱턴 DC에 위치한 로우니 장군의 자택에서

한국과의 인연을 다시 이어준
티모시 스토이 예비역 중령과 모니카 스토이 예비역 대위,
그리고 이 책이 한국에서 출판되도록 도움을 주신 '차일혁 기념사업회'의
차길진 회장님께 감사의 인사를 전합니다.

I am very thankful to LTC. Timothy R. Stoy and CPT.
Monica Stoy for letting me have relation with Korea again.
And I also want to say thank you to president Cha Kil-jin of the Association
of Commemorative Services for Cha Il-hyuck for publishing my book in Korea.

Edward L. Rowny

대한민국의 자유를 위해 희생한
용감하고 정의로웠던 한국군과 유엔군에게
이 책을 바칩니다.

추천사 유호열(고려대 북한학과 교수) ──── 18
추천사 남정옥(국방부 군사편찬연구소 책임연구원, 문학박사) ──── 23
들어가며 ──── 28

| chapter 01 | 38선은 이렇게 결정됐다

01 38선은 이렇게 결정됐다 ──── 037

| chapter 02 | 인천상륙작전

01 맥아더에게 한국전쟁 발발을 보고하다 ──── 045
02 크로마이트 작전계획수립 ──── 054
03 임시준장이 되다 ──── 069
04 인천 해안제방을 사다리로 넘다 ──── 074
05 한강에 부교를 설치하라 ──── 085
06 맥아더, 부교를 건너 서울수복 행사장으로 ──── 093
07 우드장군과 나눈 편지 ──── 101

| chapter 03 | 북진

08 월러비 장군의 중대한 실수 ──── 109
09 장진호 전투, 교량부품을 공중투하 하라 ──── 119
10 흥남철수작전 ──── 138
11 우드 장군의 평가 ──── 150

| chapter 04 | 지휘관으로서의 용기

    12 전쟁은 병참이 좌우한다 ——— 157
    13 맥아더 장군의 해임 ——— 167
    14 캔사스 라인과 지게부대 ——— 170
    15 안개 쌓인 1243고지 점령 ——— 178
    16 무장 헬기작전 대성공과 해임통보 ——— 187

| chapter 05 | 한국전쟁 그 이후

    17 초대 한미제1군단장으로 취임하다 ——— 199
    18 맥아더, 마셜, 아이젠하워를 평가하다 ——— 204
    19 무장헬기와 베트남전쟁 ——— 210

| chapter 06 | 한국전쟁에 참전한 미군 명예훈장 수훈자

    1 육군 ——— 217
    2 해병대 ——— 236
    3 해군 ——— 248
    4 공군 ——— 251

    인물정보 ——— 252
    찾아보기 ——— 256

38도선에서 퇴각하는 유엔군의 모습

1950년 | **사진** 미국연방정부

| 추천사 |

유호열(고려대 북한학과 교수)

　　6·25전쟁이 휴전으로 중단된 지 61년이 된다. 정전체제하의 한반도에서는 전쟁이 아직 끝나지 않았다. 끝나지 않은 전쟁이기에 전쟁에 얽힌 사연들도 계속해서 발굴되고 몰랐던 사실들이 밝혀지고 있다. 6·25전쟁시 미군 공병부대장으로서 참전했던 로우니 장군의 회고록도 그 중의 하나이다. 〈An American Soldier's Saga of the Korean War〉로 명명된 이 회고록은 예일대 출신의 엘리트 공병대 장교가 1950년 6·25 발발 직전부터 1952년 7월까지 한국전을 현장에서 경험하며 보고 느끼고 알고있는 사실들을 간결하면서도 담담하게 서술함으로써 전사戰史로서의 사료적 가치와 20세기 가장 치열한 전장터 이면의 인간관계를 동시에 묘사한 수작秀作이다. 더욱이 로우니 장군은 그후에도 승승장구하여 1970년 한미 제1군단장으로 다시 한국에 부임하여 성공의 에필로그를 소개함으로써 자신의 회고록의 진가를 극적으로 배가하였다.

로우니 장군의 회고록에는 새롭고 주목할만한 내용이 다수 담겨져 있다. 우선 38도선 획정에 관한 현장에서의 목격담이다. 일본 히로시마와 나가사키에 원자탄이 투하된 직후인 1945년 8월 10일경 한반도 분할에 관한 역사적 결정에 관한 일이다. 한반도 허리를 38도선으로 양분하여 미군과 소련군이 각각 진주하게 된 배경에는 워싱턴의 3성조정위원회에서 본스틸 대령 등 영관 장교들의 즉흥적 결정이었다는게 통설이었다. 반면 신복룡 교수는 그의 저서인 〈한국분단사연구〉(한울, 2006)에서 이러한 통설 대신에 이미 포츠담회담에서 미소 양국 참모총장이 한반도 38도 분할 점령을 암묵적으로 합의했으며 소련군의 대일전 참전 직후 워싱턴에서 공표했을 것으로 파악하고 있다. 로우니 장군에 의하면 전쟁성을 대표한 링컨 소장이 니콜라스 스파이크만이라는 지리학자의 〈평화의 지리학〉이란 책에서 강조한 38도선의 지정학적 가치를 원용하여 한반도를 38도선을 기준으로 분할하였다는 것이다. 러스크 중령을 비롯해 모든 참석자들은 39도선을 선호했었지만 책임자 링컨 장군의 주장을 따랐다는 것이다. 링컨 장군이 상관인 마셜 장군과의 사전 교감을 통해 방향을 미리 짐작하고 짐짓 지리학계의 화두를 원용했는지는 모르겠지만 분할 결정에서 링컨 장군의 역할을 분명하게 객관적으로 설명해 주는 부분이다.

역사의 아이러니는 한반도에서의 전선이 38도선을 중심으로 고착되던 51년 이후에도 반복되었다. 1951년 1·4후퇴이후 중공군의 대공세에 맞서 서울을 재탈환한 여세를 몰아 전선을 39도선까지 끌어올림으로써 유리한 고지를 점령해야 했음에도 결국 38선 근처에서 전선을 유지한 채 휴전에 합의한 것도 로우니 장군은 전쟁 확대를 원치않던 수뇌부들의 전략적 판단의 일환이었다고 회고록에 적고 있다. 로우니 장군 자신도 1952년 7월 본국으로 귀환하기 전 작전 수행과정에서 규정된 규모 이상의 부대를 동원한 것이 지적되어 크게 낭패를 볼 처지에 놓였던 경험 역시 한국전쟁의 정치적 성격을 그대로 반영한 사례라고 할 수 있다. 공식 전사 기록에서도 그리고 수많은 한국전쟁 관련 연구서에서도 이같은 전투와 전쟁, 그리고 전략의 실상을 제시했지만 직접 현장에서 육성과 문서로 작전 명령을 주고 받고, 엎치락 뒤치락하는 모습을 생생히 서술한 회고록을 읽다보면 타임머신을 타고 60년 전 과거로 여행을 다녀온 느낌이 들 정도다.

로우니 장군은 그의 회고록을 통해 20세기 전쟁 수행과정에서 공병부대의 역할과 기능의 중요성을 실감나게 소개하고 있다. 인천상륙작전에서 전술, 전략부분에 관해서는 많은 저술과 연구가 진행되었지만 공병부대의 전술과 작전에 대해서 이처럼 상세하고 현장감있는 기술은 본 적이 없다. 상륙거점인 인천항 제방을 타고 올라가기 위해 일본에서 비밀리에 알루미늄 사다리들을 대량 제작해 사용했던 비화부터 한강 도강에 필요한 부교설치의 기술적, 정치적 일화, 서울 탈환을 위해 수륙양용 장갑차의 차출과 교량건설 등등 전투와 전쟁이 육해공군과 해병대, 보병과 기갑병만이 아닌 공병대의 특수한 임무와 실전에서의 임기응변적 조치들이야말로 전쟁의 성패를 가름할만큼 중요함을 장군의 회고록을 통해 깨달을 수 있었음은 큰 수확이다. 더구나 장진호 후퇴시 항공기를 이용한 필사의 물자 수송을 통해 교두보를 확보하고 교량까지 공수하는 대담함과 참신한 발상, 그리고 흥남부두 철수과정에서 위기일발 순간은 마치 한 편의 영화를 보는 것처럼 실감나는 장면이다.

로우니 장군의 회고록이 마냥 즐거운 회상만은 아니다. 무릇 대부분의 회고록에서 발견되는 필자 자신의 왜곡과 편견, 그리고 기억과 접근의 제한성이 본 회고록에서도 없지는 않다. 그러나 그같은 단점과 제약을 로우니 장군은 그의 멘토인 존 우드 장군과의 서신 교환을 통해 내용을 보완하거나 상황을 극적으로 재현한 점은 이 회고록이 가지는 또 다른 매력이자 장점이라고 할 수 있다. 제2차세계대전의 영웅들이자 한국전쟁과 빼놓을 수 없는 핵심 군부 지도자들인 마셜 장군, 맥아더 장군, 아이젠하워 장군 그리고 심지어 트루먼 대통령까지 진솔하게 비교 평가한 부분은 다른 저술에서는 찾아보기 어려운 부분이다.

끝으로 제2차세계대전 이후 한반도의 분할과 미군을 주축으로 구성된 유엔군과 중공군의 참전으로 3년간 혹독한 동족상잔과 국제 전쟁을 겪어야 했던 우리의 당시 처지와 입장을 미군 지휘관의 시각과 입장에서 바라보니 참으로 느끼는 바가 많다. 인천상륙작전이 성공하여 서울을 탈환했을 당시 이승만 대통령이 주인이 아니라 객의 입장에서 수도에 재입성하는 장면, 전시에 동원된 50여 명의 한국 민간인들이 수십 킬로에 달하는 탄약을 짊어지고 2명의 미군 병사를 지원하는 전투 장면, 중공군과의 대규모 전투에서 전멸하다시피 패주하는 한국 군대의 모습 등도 전쟁의 양면성을 실감나게 보여주는 장면들이다.

6·25 전쟁 발발 64주년, 휴전된 후 61년. 그 사이 한반도에는 불안한 평화가, 그리고 전쟁은 아직도 끝나지 않고 진행 중이다. 북한의 핵실험과 무력시위는 한반도 상황을 더욱 긴장되고 어렵게 하고 있다. 그러나 6·25 전쟁 때와는 비교할 수 없이 강력해진 한국군과 견고한 한미동맹은 어떠한 북의 도발도 격퇴하고 평화를 유지할 수 있을 것이다. 그 같은 배경에 로우니 장군과 같은 유능하고 헌신적인 군인들의 희생적 노력이 있었고 동시에 회고록 말미에 소개된 136명의 자랑스런 미군 용사들이 있었음을 잊지 말아야 할 것이며 이 회고록은 그 같은 여정에 좋은 길라잡이가 될 것이다.

| 추천사 |

남정옥(국방부 군사편찬연구소 책임연구원, 문학박사)

　미국은 한국전쟁에 약 180만 명을 투입하고도 전쟁을 군사적 승리로 종결짓지 못했다. 그런 탓으로 한국전쟁은 '끝나지 않은 전쟁' 또는 '잊혀진 전쟁'으로 미국에서 홀대 받았다. 그러나 2013년 정전 및 한미동맹60주년을 맞이하여 미국에서는 '명예로운 전쟁' 또는 '잊혀진 승리'로 재평가됐다. 한국전쟁에 대한 미국인의 시각이 바뀌는 순간이었다. 미국은 60년 전 한국을 공산주의 침략으로부터 지켜냈고, 한국은 60년 후 민주주의와 경제적 번영을 일궈냈다는 것이다. 한국은 제2차세계대전 후 미국의 가장 우수한 '안보와 경제 우등생'이었다. 여기에는 한국전에 참전한 수많은 미군들의 희생과 헌신, 그리고 한미동맹이 있었기 때문에 가능했다. 그렇지만 한국전에 참전하고 한미동맹에 모두 기여한 미국 군인은 그리 많지 않다. 그 많지 않은 미군 중에 특별한 군인이 있다. 바로 이 책을 쓴 로우니 장군이다.

로우니Edward L. Rowney 장군은 38도선 분단으로부터 한국전쟁 참전, 그리고 전후 한미동맹을 가꾸고 키운 주인공이었다. 그는 한국 근현대사를 생생히 지켜보고 역사의 현장에서 몸으로 체득한 역사의 산 증인이다. 그는 1945년 8월 15일 일본이 패망하면서 긋게 되는 38도선 분단 과정에서부터 1950년 6월 25일 전쟁 발발, 그리고 1952년 7월까지 한반도에 관련된 역사적 사실과 전쟁경험담을 회고록⟨An American Soldier's Saga of the Korean War⟩으로 정리했다. 그렇지만 그의 회고록은 한국전쟁이야기 뿐만 아니라 1971년 한미연합방위체제의 출발점인 '한미제1군단'의 초대 군단장 시절과 한국전쟁에서의 경험으로 베트남전쟁에서 무장헬리콥터를 도입하게 된 배경까지 다뤘다. 그런 점에서 로우니 장군의 회고록은 한국전쟁을 전후로 그가 한국과 관련하여 경험한 것들을 모두 기록한 자서전自敍傳 성격의 글이라고 할 수 있다.

로우니 장군의 자서전은 과거에 나왔던 정치 및 군사지도자들의 회고록과는 내용면에서 다소 차이를 보인다. 한국전쟁이 끝난 지 60여 년이 훌쩍 지나가면서, 그동안 미국에서는 전쟁에 직접 참전했거나 관여했던 많은 정치 및 군사 지도자들에 대한 자서전과 평전들이 쏟아져 나왔었다.

미국 정치 및 군사지도자들의 회고록과 평전은 전쟁과 관련하여 나름대로의 중요성과 의미를 담고 있다. 미국의 전쟁정책과 목표가 무엇인지를 알게 해 주었고, 미국이 어떻게 전쟁을 수행했고, 어떠한 전략을 구사했는지도 밝혔다. 그 과정에서 잘한 점과 못한 점, 훌륭한 지휘관과 부적절한 지휘관, 성공한 작전과 실패한 전투, 그리고 전쟁의 이면을 이해하는 데 도움을 주는 전쟁환경에 대해 비교적 충실히 전해 주고 있다. 그러나 몇몇 책에서는 본인들이 경험하지 않은 전쟁 전 과정을 포함시킴으로써 내용의 신뢰도와 객관성을 떨어뜨리는 경우도 있다.

그렇지만 로우니 장군의 '한국전쟁회고록'은 기존의 다른 회고록과는 그 차원이 다르다. 그가 쓴 책의 배경 및 무대는 철저히 자신이 경험한 한국전쟁을 배경무대로 하고 있다. 그러면서 그는 한국전쟁에서 핵심적인 역할을 한 유엔군사령관 겸 극동군사령관 맥아더 장군과의 사이에 있었던 역사적 사실, 알몬드 장군과 이렇게 저렇게 얽힌 일화들을 흥미진진하게 그려내고 있다. 또 전쟁수행과정에서 일어난 일들을 자신의 존경하는 상관이던 우드 장군과의 서신을 통해 조언을 구하거나 평가함으로써 자칫 회고록이 흔히 범할 수 있는 역사사실에 대한 객관성을 높여주는데 일조하고 있음을 알 수 있다.

특히 이 책의 진가는 한국전쟁에서 가장 극적인 작전으로 세기의 도박으로 알려진 인천상륙작전에 대한 풍성한 비화(秘話)들에 있다고 볼 수 있다. 인천상륙작전은 세상에 많이 알려졌다. 어쩌면 모든 것이 공개되어 더 이상 숨길 내용이 없다고 하는 것이 맞을지도 모른다. 그런데 로우니 장군이 새롭게 밝혀내고 있는 이야기들은 우리들을 깜짝 놀라게

할 새로운 내용들로 가득 차 있다. 로우니 장군의 기록이 아니면 접할 수 없는 아주 비밀스런 내용들이 이 책에 담겨있다.

특히 책의 말미에는 미국이 제2차세계대전에서 배출한 3명의 전쟁영웅에 대해 독특한 방식의 평가를 내리고 있는 것도 흥미를 끈다. 로우니는 과거 자신의 상관으로 가장 존경하는 우드 장군과 함께 육군참모총장과 국방장관을 역임한 마셜 장군, 유럽전선에서 연합군최고사령관을 역임한 아이젠하워 장군, 그리고 태평양전쟁의 영웅으로 일본을 항복시킨 유엔군사령관 맥아더 장군을 그들 방식으로 평가하고 점수를 매겼다. 자신의 상관을 가감 없이 평가하여 점수를 매기고 서열을 정하는 미국 군인들의 사고방식이 새삼 부럽다.

로우니 장군이 회고록에서 가장 중요시 여기는 대목은 미국 최고 무공훈장인 명예훈장 수훈자들에 대한 이야기이다. 로우니 장군은 한국전쟁에서 명예훈장을 수훈한 136명(육군 83명, 해병대 42명, 해군 7명, 공군 4명)의 전쟁영웅들을 소개하고 있다. 이들은 한국의 험준한 산악지형과 영하 30도의 혹한 속에서 자유민주주의 대한민국을 위해 싸우다 산화한, 그러면서 우리에게는 잘 알려지지 않은 미국판 '무명용사'들이다. 전쟁과정에서 보여준 그들의 희생정신과 봉사는 한결같다. 그렇기 때문에 명예훈장을 받는 수훈자들은 백악관에서 대통령이 직접 수여한다. 이는 마치 국가는 전쟁영웅에게 최대의 예우와 명예를 베풀고, 군인은 국가를 위해 기꺼이 죽을 수 있다는 미국적 애국심을 우리에게 은근히 자랑하는 것같은 인상을 준다.

그런 점에서 이 책은 대한민국 국민과 국군 장병 그리고 미래의 대한민국을 짊어지고 나갈 청소년들이 일독讀할만한 책이라 할 만하다. 나아가 이 책을 통해 한국전쟁에 대한 새로운 연구의 단초 역할을 하게 되기를 기대해 본다. 또한 오랜만에 한국전쟁에 대한 핵심적이면서도 중요한 내용들을 제공해 준 로우니 장군에게 감사를 드린다. 더불어 지난해 UN군 참전용사 및 전쟁영웅 초청행사를 통해 로우니 장군과 같은 분을 우리에게 알리고 그들의 뜻을 되돌아보는 자리를 마련해 주신 박승춘 보훈처장님에게도 감사 드린다.

마지막으로 한국전쟁을 더욱 폭넓고 심층 깊게 이해할 수 있도록 로우니 장군의 한국전쟁회고록을 번역할 수 있도록 아낌없이 지원해 주고, 추천사를 쓸 수 있도록 배려해 주신 차길진 회장〈차일혁기념사업회, 美육군역사재단 고문〉에게도 심심한 감사의 말씀을 드린다.

| 들어가며 |

1941년 육군사관학교를 졸업하고 1949년 가을 예일대에서 학업을 마친 나는 새 임무를 수행하기 위해 서둘러 도쿄로 출발했다. 그러나 막상 도쿄에 도착해보니 임무는 한 달 후로 연기됐고, 대신 한 달 가량 일본 전역을 둘러볼 기회를 얻게 됐다. 당시 내 손엔 항공, 철도, 배를 이용해 일본 어느 지역이든 여행할 수 있는 자유 승차권이 들려 있었다.

여행의 목적은 일본 내에 있는 미군기지 점검이 아니라 일본이라는 나라를 이해하는 데 있었다. 그런데도 여행 내내 주일미군의 여러 문제점이 눈에 들어왔다. 시간이 지날수록 나는 미군이 일본에 있어야 할 필요가 없다는 결론에 이르렀다. 일본군은 더 이상 위협적이지 않다고 판단했기 때문이었다.

여행을 마친 후, 이러한 생각들을 정리해 보고서를 작성했다. 그리고 내가 속한 부서의 부서장을 맡고 있는 드위트 암스트롱Dewitt Armstrong 대령에게 보고서를 제출했다. 그는 향후 다른 곳에서 군사활동을 하기 위해 주일미군을 훈련 캠프로 되돌려 보내야 한다는 나의 건의를 받아들였다. 당시 내가 염두에 두고 있었던 다른 곳은 바로 한국이었다.

나는 주일미군을 대체하기 위한 방안으로 미국 주(州)방위군의 조직을 본뜬 '일본 자위대' 설립을 건의했다. 일본 자위대의 주임무는 일본 내에서 발생한 무질서와 자연재해에 대처하는 것이었다. 이렇게 해서 탄생한 자위대는 오늘날까지 유지되고 있다.

1950년 6월 초 나는 기밀 전보를 읽고 또다시 암스트롱 대령에게 북한의 남한 침공 가능성에 대비해야 한다는 보고서를 제출했다. 암스트롱 대령은 보고서를 참모장인 알몬드Edward Mallory "Ned" Almond 장군에게 제출했고, 알몬드 장군은 이 보고서를 정보국장인 윌러비 장군에게 보냈다. 하지만 윌러비Charles Andrew Willoughby 장군은 외부의 인물이 정보국 업무에 관여하는 것을 두고 매우 부정적인 반응을 보였다. 더불어 북한이 침공하지 않을 것이라는 자신의 생각을 분명하게 했다.

그러던 중 한국전쟁이 발발했다는 소식이 들려왔다. 당시 미군은 일본 전역에 퍼져있던 군대를 철수시키고 있었다. 도쿄의 남쪽 훈련캠프에 집결해 있던 주일미군은 한국파병을 위해 병력을 연대 단위로 나누었다. 눈 깜짝할 사이에 일어난 일이었다.

한국전쟁에서 나는 맥아더 장군의 지시로 인천상륙작전 계획을 수립했으며 장진호에서 중공군에게 포위된 육군과 해병대를 구출하기 위해 다리를 공중투하하기도 했다. 군부간 알력으로 막힐뻔했지만 전투용 헬리콥터 구상을 실현시켰고, 군 지도자였던 마셜George Catlett Marshall, 맥아더Douglas MacArthur, 아이젠하워Dwight Eisenhower, 리지웨이Matthew Bunker Ridgway, 브래들리Omar Nelson Bradley, 패튼George Smith Patton Jr.과 같은 이들을 직속상관으로 만나 많은 것을 배우고 경험했다.

이런 과정들을 나는 육군 최고의 훈련교관 중 1명으로 손꼽히는 존 E. 우드John Elliott Wood[1]와 서신으로 공유했다. 1941년 우드 대령의 제41공병연대에 배치된 인연으로 나는 그에게서 많은 가르침과 영감을 받았다. '스모키 조 우드'라는 별명을 가진 그는 괴짜지만 매우 뛰어난 사령관으로 유명했다. 그는 어떠한 군 부적응자들도 훌륭한 군인으로 탈바꿈시키는 재주가 있었다. 실제로 그는 '불가능한' 일을 '가능하게' 만들도록 나를 훈련시켰고, 그러한 훈련 덕택에 내가 다른 동료들보다 더 빨리 진급할 수 있었다고 생각한다. 이 책에는 그와 나눈 편지 내용도 다수 포함됐다.

지금부터 나는 인천상륙작전을 필두로 한국전쟁에 얽힌 비하인드 스

1 **John Elliott Wood(1891-1963)** 1917년 군 입대. 제1차세계대전 중 프랑스에서 제26보병사단 복무, 1940년 제41공병연대 창설, 1942년 제2차세계대전 중 아프리카에 미군부대로는 처음 상륙했고, 미 육군 준장으로 퇴역했다.

토리를 천천히 풀어내고자 한다. 오랜 세월 한국독자들에게 이 책이 읽힐 순간을 기다렸다. 한국전쟁은 한국에서 벌어졌지만 한국인이 모르는 일들이 너무 많다.

미 제1기병사단에 의해 세워진 한국의 38선 표지판

An AMERICAN SOLDIER'S SAGA
of the KOREAN WAR

chapter 01

38선은
이렇게 결정됐다

01

38선은
이렇게 결정됐다

　1945년 대일본 전승기념일을 앞둔 어느 날 마셜 George C. Marshall 장군은 참모들을 불러 한국에 있는 일본군의 항복을 얻어낼 작전 계획을 수립하도록 지시했다. 또 마셜 장군은 에이브 링컨 장군 Abe Lincoln 에게 태평양전쟁 이후 한반도를 어느 곳에서 분할할 것인지 보고하라고 명령했다. 당시 나의 상관이자 최고 전쟁계획자였던 링컨은 전략기획단을 회의실로 소집해 전략회의를 열었다.

　딘 러스크 David Dean Rusk 대령이 가장 먼저 말을 꺼냈다. 그는 평양 바로 남쪽, 북위 39도선을 중심으로 분할해야 한다고 말했다. 39도선은 한반도에서 폭이 가장 좁은 곳이다. 그는 폭이 좁으면 상대적으로 적은 수의 군사로도 방어가 가능하다고 설명했다.

이를 듣고 있던 링컨은 "아니야!"라고 말했다. 이어 지도 위에 38도선을 따라 선을 그었다.

"선은 바로 이곳에 그어야 돼."

우리 모두는 잠시 어리둥절했다. 앤디 굿패스터 Andy Goodpaster 대령이 링컨에게 질문했다.

"39도선이 가장 적당한 해결책인데, 왜 1도 아래로 내려가야 합니까?"

링컨이 답했다.
"니콜라스 스파이크만[2] Nicholas Spykman 때문이지."

니콜라스 스파이크만은 예일대 지리학과 교수로 미국 최고의 '지정학자'였다. 그는 1944년 〈평화의 지리학〉이라는 책을 통해 '지리는 영구적

---

[2] **니콜라스 J. 스파이크만(Nicholas J. Spykman, 1893~1943)** 미국의 지리학자. 그의 저서 〈평화의 지리학〉에서 "림랜드(유라시아대륙 주변)를 차지하는 자가 유라시아를 지배하고, 유라시아를 지배하는 자가 세계를 지배한다"라고 저술하여 진주만 공격 직후 향후의 냉전 대립을 예상하였음.

38선 돌파기념 아치

1950년 10월 1일은 한국군이 남침한 북한군을 반격한 끝에 38선을 돌파한 날로
이 날의 의의를 살리기 위하여 국군의 날로 지정하였다

이기 때문에 해외정책에서 가장 기본적인 요소'라고 주장했다. 또 자신의 수업에서 세계 최고의 문학과 발명품 중 90%가 38도선 북쪽에서 창조되고, 세계의 위대한 지도자 대부분도 38도선 북쪽에서 태어났다고 가르쳤다. 38선 남쪽에서 그러한 문학과 발명품이 창조될 확률은 10%밖에 되지 않는다는 것이다.

박식함을 자랑한 링컨은 "모든 사람들이 38도선에 대해 알고 있지만 39도선에 대해서는 전혀 모를 거야." 라고 말했다.

하지만 몇몇 지식인들을 제외하면 대부분의 사람들은 스파이크만의 책을 읽어보기는커녕 그의 이름조차 들어본 적이 없었다. 모두들 그의 의견에 반대했지만 링컨을 존중했기에 마셜 장군에겐 이 사실을 보고하지 않았다.

돌이켜보면 그것은 우리들의 큰 실수였다. 39선으로 결정했다면 방어하기가 훨씬 쉬웠을 것이고 더불어 수많은 미군의 생명도 구할 수 있었을 것이다. 한국의 영원한 운명이 될 38선은 이렇게 결정되었다.

인천상륙작전을 위해 배로 이동하는 병사들

An AMERICAN SOLDIER'S SAGA
of the KOREAN WAR

chapter 02

인천상륙작전

맥아더에게 한국전쟁 발발을 보고하다

　북한이 침공한 6월 25일 일요일, 맥아더 장군의 사령부에서 당직장교를 맡고 있었던 나는 이 사실을 알몬드 장군에게 보고했다. 그는 맥아더 장군의 아파트에서 만나자고 했다. 운전병이 번잡한 도쿄의 거리를 달려 한때 대기업 총수가 거주했던 맥아더의 고급 아파트에 내려주었다. 맥아더 장군은 나를 보고도 간단한 인사말조차 건네지 않았다. 그는 거친 목소리로 이렇게 말했다.
　"자네, 나에게 이럴 줄 알았다고 말하려는 건가?"
　나는 실제로 아무 말도 하지 않았지만, 매우 의기양양해 보였던 모양이다.

더글라스 맥아더 장군

1944년 | **사진** 미국정부

침착함을 유지한 맥아더 장군의 모습은 매우 인상적이었다. 6월 25일은 대부분의 사람들이 근무를 하지 않는 일요일이었다. 맥아더 장군은 알몬드 장군에게 모든 참모들이 업무에 복귀할 수 있도록 하라고 지시했다. 맥아더 장군의 참모들은 500여 명의 장교와 통신병 및 지원병으로 구성되어 있었다. 미 극동군사령부는 곧바로 전시상황 체제로 전환되었다. 맥아더 장군이 서울과 워싱턴에 있는 관료들과 통화하는 동안 알몬드 장군은 참모들에게 일본에 있는 모든 미군은 즉시 부대로 복귀하라는 명령을 내리도록 지시했다.

맥아더의 아파트에서 회의를 마친 후, 나는 다이이치 빌딩의 한 사무실로 자리를 옮겼다. 사무실에는 맥아더 사령부의 참모들이 근무하고 있었다. 그때부터 거의 일주일 동안 햇빛은 구경도 못하고, 밤낮으로 한국에서 벌어진 전쟁 상황을 주시했다. 간이침대에서 새우잠을 자고 옷과 세면도구는 아내가 가져다 주었다.

일본에 있었던 우리는 서울의 존 무초John Muccio 주한 대사와 자주 연락을 했다. 미 국무부의 뛰어난 고위 관료출신이었던 무초 대사는 미국의 존재감이 한반도에서 충분하지 않다고 생각했다. 그는 지난 1년 동안 한국에 추가병력과 장비를 지원해야 한다고 주장해왔다. 전쟁이 발발했을 때도 그는 자신감과 통제력을 잃지 않고, 미군은 즉시 싸울 준비를 해야 한다고 지시했다.

맥아더 장군 사령부에는 나날이 위기감이 고조되고 있었다. 다이이치

(왼쪽부터) 더글라스 맥아더 장군, 존 무초 한국대사, 해리 트루먼 대통령

1950년 10월 14일 | **사진** 국무부

빌딩 기자실은 미국을 비롯한 세계 각국에서 몰려온 기자들로 북적거렸다. 그들은 기자실에 진을 치고 앉아 매번 새로운 정보를 요구했고 사령부의 공보장교는 늘 부담감에 짓눌려 있었다. 하루는 부담감을 떨쳐보려고 독한 술을 마신 공보장교가 기자들 앞에서 횡설수설하는 실수를 범하고 말았다. 그날 오후 나는 맥아더 장군으로부터 단 2줄로 된 지침을 받았다.

1. 바로 지금부터 귀관을 본인의 정식 대변인(기존의 임무와 겸임해서)으로 임명한다.
2. 귀관은 기자들에게 필요한 모든 정보를 알려주고 필요하지 않은 정보는 알려주지 않는다.

서명: 더글라스 맥아더

이 지침서는 매우 간단했지만 내게 많은 재량권을 준 명령이었다. 맥아더 장군이 나를 대변인으로 임명한 이유는 모른다. 다만 내가 북한군과 한국군을 잘 알고 있으며 고급참모들과 가깝다는 점을 고려한 것이 아닐까 생각했다.

그 이후 2개월 동안 나는 끈질긴 기자들을 상대하느라 몸무게가 많이 줄었고 집중하기 힘들 정도로 바쁜 나날을 보냈다. 기자들 중에는 워싱턴에서 온 알솝Alsop 형제도 있었다. 정치부 기자로 유명세를 누렸던 그들은 고위직 인사들을 잘 알고 있었다.

내가 기자들과 씨름하는 동안 한국에 있는 미군은 7월 내내 후위(後衛) 작전³을 벌이며 용감하게 싸웠다. 하지만 주한미군은 북한군을 상대하기에 역부족이었다. 북한군은 90,000여 명의 병력과 150여 대의 소련제 전차(戰車)를 이끌고 38선을 넘었다. 지난 몇 년 동안 소련은 북한을 배후에서 지원하면서 영향력을 강화해 온 반면 남한 군대는 군사훈련조차 제대로 받지 못했고 무기도 매우 열악했다. 남한 병력 중 절반 정도만이 미국제 소총(小銃)을 가지고 있었고, 군수물자의 추가공급은 미군의 우선순위 목록 최하위에 있었다.

맥아더 장군은 미군의 가족들을 일본으로 피난시키기 위해 인천까지 이동할 호송대를 조직하라고 무초 대사에게 지시했다. 또 일본에 있던 제7보병사단의 사단장 윌리엄 딘 소장에게 사단선발대를 대전 공군기지까지 공중수송하라고 지시했다.

8일 후인 7월 3일, 딘 소장 이하 550여 명의 장교와 사병으로 구성된 선발대가 대전에 도착했다. 딘 소장은 선발대를 북쪽으로 이동시킬 생각이었다. 선발대는 후퇴하던 미군과 만났고, 무초 대사는 딘 소장에게 주한 미군사 고문단의 지휘권을 인계했다.

스미스 특수임무부대의 사령관인 찰스 B. 스미스⁴ 중령은 오산에서

---

3   **후위작전** 후퇴하는 부대가 안전하게 퇴각할 수 있도록 마지막까지 적군의 진격을 저지하는 작전

퇴각하던 미군과 만났다. 스미스 중령은 미군을 결집시켜 신속하게 오산 북쪽에 방어망을 조직했다. 맥아더 장군은 딘 소장에게 스미스 중령이 북한군에게 우리의 힘을 보여줘야 한다고 말했다.

스미스 중령은 일련의 후위後衛전투를 통해서 북한군의 진격을 늦추었다. 그는 작고 성능이 떨어지는 미군의 셔먼 전차로 강력한 소련제 T-34 전차對戰車에 용감히 맞섰다. 대전차對戰車용 무기가 부족했으나 그의 부대는 야간에 북한군 진지로 침투해 화염병으로 전차를 공격하는 기지를 발휘했다. 전차에 연료를 보급하기 위해 북한군이 잠시 멈춰 섰을 때를 노려 급습했다.

북한군이 포로로 잡힌 미군들의 손을 등 뒤로 묶은 뒤 머리에 총을 발사해 사살했다는 사실을 알고, 분노한 미군은 더욱 맹렬히 북한군을 몰아 부쳤다. 하지만 전투 결과 스미스 특수임무부대는 절반 이상이 사망하거나 부상을 입었다. 한계에 다다른 잔존 병력들은 알라모 요새⁵를 방어를 한 사람들처럼 "더 이상 전투는 안 됩니다!"*No more Task Force Smiths!* 라고 소리쳤다. 그럼에도 불구하고 스미스 중령은 남은 병사를 규합해 북한군을 저지하기 위해 노력했다.

---

4 **찰스 B. 스미스(Charles B. Smith, 1916 ~ 2004)** 한국 전쟁에 최초로 투입된 미군부대 스미스 특수임무부대의 지휘관. 스미스 특수임무부대는 오산 죽미령에서 북한군의 남하를 지연시켜 한미연합군이 반격할 시간을 벌어주었다.

5 **알라모 전투** 1836년 텍사스 독립전쟁 당시 텍사스 주민 186명이 샌안토니오의 알라모 요새에서 3,000여명에 달하는 멕시코군과 맞서 싸우다 전사한 전투

한국전선에서 전투 중인 미군병사

1950년 11월 20일 | **사진** 제임스 콕스 일병 제공

한국군과 미군이 한달 간 끈질기게 북한군의 진격에 맞섰으나 결국 한반도 남쪽 부산항 외곽까지 밀려났다. 하지만 이러한 지연작전 덕분에 맥아더 장군은 일본에 있던 제7보병사단의 나머지 부대를 부산으로 투입하는 데 필요한 시간을 벌 수 있었다. 새로 도착한 군대는 기존의 부대와 함께 부산 주변에 강력한 방어망을 형성했다. 일본에서 수십만 발의 포탄과 항공지원을 받은 미군은 북한군의 진격을 막아냈다. 미군은 8월 내내 부산 일대를 방어했다.

오산전투

스미스 부대는 한국전쟁 당시 부산에 최초로 상륙한 미 육군 24사단 21연대 제1대대로, 북한군을 저지하기에는 턱없이 적은 병력이었지만 지휘부는 북한이 미군의 참전을 알면 스스로 물러갈 것이라는 자신감이 있었다. 1950년 7월5일 오산 북쪽 죽미령 인근에서 북한군과 첫 교전을 벌였다.

스미스 부대는 2개 소총중대와 75미리 무반동총 4정 및 4.2인치 박격포 4문을 보유하고 있었고, 105미리 곡사포 6문으로 이루어진 미군 1개 포대의 화력을 지원받기로 되어 있었는데 보유한 포탄은 1,200발이었고, 그 가운데 대전차 포탄은 6발에 지나지 않았다. 이 전투는 6·25전쟁 당시 美-北간 첫 직접 교전으로 겨우 6시간 버티다가 미군의 무참한 패배로 끝났다. 당시 전투로 스미스 부대 부대원 중에서 150명이 전사하고 장교 5명과 병사 26명이 실종됐다. 큰 손실을 입은 미군은 비로소 북한군의 남침을 매우 심각한 위협으로 인식하게 되었다.

02

크로마이트 작전계획수립

　맥아더 장군의 사령부에서는 어떠한 후속조치를 취할 것인지를 두고 의견이 양분되었다. 다수를 차지했던 첫 번째 의견은 한국에 있는 미군을 일본으로 철수시키는 것이었다. 북한군을 공격하기엔 병력이 부족했기 때문이었다.

　알몬드 장군이 제시한 두 번째 의견은 상륙작전을 수행하는 것이었다. 이 상륙계획에는 최소한 30,000여 명의 병력으로 이루어진 2개 사단이 필요했다. 일반적으로 참호에 숨어 있는 적군을 격퇴하려면 병력수가 적의 3배는 되어야 한다. 당시 북한군은 1개 사단이 서울을 방어하고 있었으므로 맥아더 장군은 2개 사단으로도 충분히 적을 격퇴할 수 있다고 판단했다.

우리는 일본에서 추가 병력을 지원받아 현 방어선을 강화하는 동시에 부산 방어작전에 투입되었던 제7사단을 새로운 상륙작전에 투입시킬 수 있었다. 상륙작전에 투입될 두 번째 사단을 편성하려면 미군은 부산 방어선을 지키고 있는 1개의 해병연대 외에도 2개의 연대가 추가로 더 필요했다.

알몬드 장군이 이에 대한 해결책을 마련했다. 그는 버지니아군사학교_{VMI} 동기이며 태평양함대 해병대사령관이었던 레무엘 셰퍼드_{Lemuel Shepherd} 중장을 일본으로 불렀다.

당시 알몬드 장군은 트루먼 대통령이 해병대의 지상전력 해체를 지시했다는 것을 알고 있었다. 다른 사람들은 아직 모르고 있던 사실이었다. 트루먼 대통령은 해병대가 '함상 반란으로부터 함장을 보호'하고 '해외의 미국 대사관을 보호'하는 본래의 임무로 되돌아가야 한다고 생각했다.

네드 알몬드 장군은 친구인 레무엘 셰퍼드 장군에게 전시 근무에 자원_{自願}할 수 있는 10,000여 명의 해병대 예비역을 모집할 수 있는지 물었다. 그러자 셰퍼드 장군은 신속히 추가 병력 모집을 승인했다. 2주안에 제1해병사단을 편성하는데 필요한 2개 연대를 추가 편성한다는 내용이었다. 셰퍼드 장군은 해병대가 상륙작전에 참여할 경우 해병대의 미래

브리핑을 받고 있는 맥아더 장군과 참모들
(맨 뒤 왼쪽에서 두 번째, 안경을 쓴 사람이 에드워드 L. 로우니)

가 보장될 거라고 믿었다.

1950년 7월 21일 육군 제7사단과 제1해병사단이 상륙부대로 선발되었고, 나는 2명의 다른 장교와 함께 상륙작전계획을 수립하라는 지시를 받았다. 이 2명의 장교 중 한명인 린 스미스Lynn Smith 대령은 미군 최고의 작전계획 수립자로 명성을 지니고 있었다. 또 다른 장교인 제임스 랜드럼James Landrum 대령은 제2차세계대전 당시 미국에서 두 번째로 높은 훈장인 수훈십자훈장殊勳十字勳章을 받은 유명한 전쟁 영웅이었다. 우리는 독자적으로 상륙작전계획을 수립하라는 지시를 받았다.

우리 셋은 부대가 서해안으로 상륙해야 한다는 점에 동의했다. 스미스 대령은 적군과 아군이 접해 있는 지점에서 상륙작전을 수행하는 고전적인 방식을 선택했다. 랜드럼은 최전선 북쪽 10km 지점에 상륙하여 적을 기습하면 포병지원을 계속 받을 수 있다고 생각했다. 그러나 나는 최전선 북쪽 약 20km 지점의 해안을 선택했다. 이정도 거리에선 상륙군에 포병 화력 지원이 어려워진다. 이런 점을 알고 있을 적의 예상을 완전히 뒤엎자는 의도였다. 상륙군에 지원할 포병화력은 일본에서 항공지원을 받으면 해결할 수 있는 문제였다. 우리가 각각 계획서를 제출하자 알몬드 장군은 그 중 하나를 선택하지 않고, 맥아더 장군에게 각자의 계획을 발표하도록 지시했다.

맥아더 장군은 앞서 두 사람이 발표한 계획을 열심히 경청했다. 내 차례가 되었을 때 나는 크게 긴장했다. 맥아더 장군이 그렇게 깊숙이 침투하는 것은 대담한 것이 아니라 어리석은 것이라고 생각할까 봐 두려웠기 때문이다. 그러나 그는 우리 모두를 놀라게 했다. 그는 지도를 향해 걸어간 다음 색연필을 들고 서쪽 해안 위로 350km 지점 (서울 반대쪽에 있는 인천을 관통해서)에 커다란 화살표를 그렸다. 맥아더 장군은 말했다. "항상 목표 지점을 향해서 나아가야 한다. 우리의 목표는 서울이다."

맥아더 장군에게 수도를 탈환하는 것은 상징적으로 큰 의미가 있었다. 그는 말했다. "자네들은 모두 무척 신중한 것 같군." 나는 그가 무슨 뜻으로 '신중하다'라는 말을 썼는지는 잘 몰랐지만 그의 어조로 볼 때 절대로 칭찬은 아니라고 생각했다.

"인천으로 상륙하는 것은 어떻게 생각하나? 그것에 대해 고려해봤는가?"

태평양 전쟁 때, 맥아더 장군은 섬을 건너뛰어 공격하는 전략으로 큰 승리를 맛보았다. 적의 방어가 강한 섬은 건너뛰고 방어가 약한 섬을 공격해 점령하는 식이었다. 인천을 상륙지점으로 선택한 것도 태평양 전쟁에서 사용한 전략과 유사해 보였다.

나는 이렇게 대답했다. "그 점에 대해서도 생각해 봤습니다만 장군님, 인천으로 가면 안 되는 두 가지 이유가 있습니다. 첫째로 인천은 서울과 매우 가까운 곳이라 틀림없이 적군은 서울을 방어하기 위해 강하게 저항할 것입니다. 둘째로 인천은 상륙하기 매우 어려운 장소입니다.

조수朝水 차가 너무 큽니다. 인천의 조수간만 차는 32피트(9.7m)로, 세계에서 두 번째로 큰 곳입니다. 다음 밀물에 맞춰 추가 병력이 도착할 때까지 먼저 상륙한 부대가 단독으로 전투를 하기란 매우 어려울 것으로 생각됩니다."

그러자 맥아더는 다음과 같이 말했다. "그냥 도전해 보는 것이 어떤가? 조수는 우리가 극복해야 할 여러 장애물 중 하나에 불과하네." 이어 앤드류 잭슨Andrew Jackson[6] 의 말을 인용해 이렇게 말했다. "절대 두려움과 타협하지 말게."Never take counsel of yours fears."

스미스, 랜드럼 그리고 나는 힘을 모아 인천으로 상륙하기 위한 계획을 수립하기 시작했다. 그러나 이 계획은 아직 미국 정부의 승인을 받지 못했다. 펜타곤은 병력을 일본으로 철수시키는 '던커크 작전'[7]을 선호했다. 반면 맥아더 장군은 일본으로의 철수가 군의 사기는 물론, 자신에 대한 미국 국민의 신뢰 역시 떨어질 것이라 생각했다.

미 합동참모본부JCS 도 인천이 상륙작전에 최악의 조건을 갖추고 있다고 생각했다. 높은 조수간만 차와 항구 주변에 있는 30피트(9m) 높이의 벽 때문에 상륙 자체가 매우 어려웠다. 그러나 맥아더 장군은 이에

---

6 미국 제7대 대통령(재임기간 : 1829년~1837년)
7 1940년 프랑스의 던커크 해변에서 독일군에게 포위된 영국군 22만명과 프랑스군 11만명을 구해 낸 철수작전. 다이나모 작전이라고도 불림

(왼쪽) 에드워드 L. 로우니

1950년 | **사진** 로우니 콜렉션

굴하지 않고 상륙작전계획을 자세히 설명하기 위해 합동참모들을 도쿄로 불렀다. 그는 우리에게 설명을 맡겼다. 설명이 끝나자 제일 먼저 말을 꺼낸 사람은 공군참모총장 반덴버그Hoyt Stanford Vandenberg였다. 그는 병력을 상륙시킬 필요가 없다고 말했다.

"나에게 충분한 폭탄을 주면, 적의 병참선을 파괴해 적을 후퇴시키겠습니다."

이어서 해군참모총장 셔먼Forrest P. Sherman이 말했다.
"32피트(9.7m) 높이의 조수 차 때문에 상륙이 불가능합니다. 우리는 조수가 바뀌기 전까지 충분한 병력을 해안에 상륙시킬 수 없습니다. 게다가 이 해역은 강력한 기뢰 와 수중 장애물들로 가득합니다."

마지막으로 육군참모총장 콜린스Lawton J. Collins도 인천 상륙에 반대했다. 그곳은 적군이 서울을 지키기 위해 가장 공고하게 방어할 지역이라고 그 이유를 들었다. 그는 2개 사단으로는 적군을 상대하기 부족하다고 생각했다. 한편 합참의장인 오마 브래들리Omar Nelson Bradley 장군은 계속 침묵을 지키고 있었다. 그는 누구보다도 맥아더 장군을 잘 알고 있었고 그를 철저히 신뢰했다.

이제 맥아더 장군의 차례가 되었다. 그는 펠로폰네소스 전쟁을 비롯한 과거 여러전쟁들의 사례를 6시간 동안 마치 연극배우처럼 명확하면서도 우아하게 설명하여 합동참모들을 매료시켰다. 설명 중간에 맥아더의 부관인 알렉산더 헤이그 소위가 샌드위치를 가지고 들어왔지만 맥아더는 15분 동안 25개의 별에게 자신의 얼굴을 알리는 데 더 관심이 있는 것처럼 보였다.

맥아더 장군의 설명은 존 베리모어[8] John Barrymore 를 능가할 정도의 명강의였다.

맥아더 장군이 설명을 마쳤을 때, 브래들리 장군은 "이 계획을 승인하고 싶은데, 반대하시는 분 계신가요?"라고 말했다. 다른 합동참모들은 감히 반대할 엄두도 나지 않는 것처럼 보였다.

다음 날, 맥아더 장군은 우리 세 사람을 1명씩 자신의 집무실로 불렀다. 그리고 내 차례가 되었을 때 맥아더 장군은 나를 꼭 끌어안은 다음, 이렇게 말했다. "로우니, 인천은 세계 역사상 22번째의 위대한 전투로 남을 걸세."

육군사관학교에 있을 때 나는 구내식당에 설치된 70피트(20m)길이의 벽화를 종종 감상하곤 했다. 이 벽화는 마라톤 전투에서 워털루 전투에 이르기까지 영국의 역사가인 크리시 Creasey 가 선정한 역사상 가장 위대한 15대 전투[9]를 묘사했다.

---

8 존 베리모어(1882년~1942년) '완벽한 옆 얼굴'이라는 애칭을 가진 미국 배우
9 에드워드 크리시(Edward Creasy)의 세계 15대 전투 마라톤 전투, 시라쿠사 전투, 가우가멜라 전투, 메타우루스 전투, 토이토부르거 숲 전투, 카탈루니아 전투, 투르 전투, 헤이스팅스 전투, 오를레앙 전투, 스페인 무적함대, 블렌하임 전투, 폴타바 전투, 새러토가 전투, 발미 전투, 워털루 전투

역사가들은 이 15번의 전투 이후에도, 그것들과 맞먹는 5번의 위대한 전투가 펼쳐졌다는 데 동의했다. 그리고 그 중에서 가장 최근에 일어난 전투는 스탈린그라드와 노르망디라고 했다. 나는 맥아더 장군에게 물었다.

"21번째 전투는 무엇인가요?"

그는 이렇게 대답했다.

"1920년의 바르샤바 전투라네. 이 전투에서 폴란드군 원수元帥 유제프 피우스트스키는 볼셰비키군의 바르샤바 점령을 막았다네. 그때 바르샤바가 함락되었다면, 공산주의자들은 서유럽까지 점령하려고 했을 걸세."

크리시가 정한 위대한 전투는 그 결과가 달라졌을 경우 서구문명이 종말을 맞게 될 수도 있는 전투였다. 맥아더 장군의 해박한 역사지식에 놀란 나는 그와 마찬가지로 인천상륙작전이 역사상 22번째로 위대한 전투가 되기를 희망했다. 더 이상 지체할 시간이 없었던 맥아더 장군은 나와 악수를 했다. 나는 우쭐해진 기분을 느꼈다.

나는 이 날 저녁 아내에게 맥아더와의 만남에 대해 얘기했다.

"아마도 맥아더 장군은 바지를 입을 때 양 다리를 바지 안에 동시에 집어 넣거나 혹은 물 위를 걸어 다닐 수 있을 정도로 위대한 인물일거야."

다음날 나는 스미스 대령 그리고 랜드럼과 함께 인천상륙작전 계획을 수립했다. 우선 해병사단을 상륙시킨 다음 제7보병사단을 상륙시키기

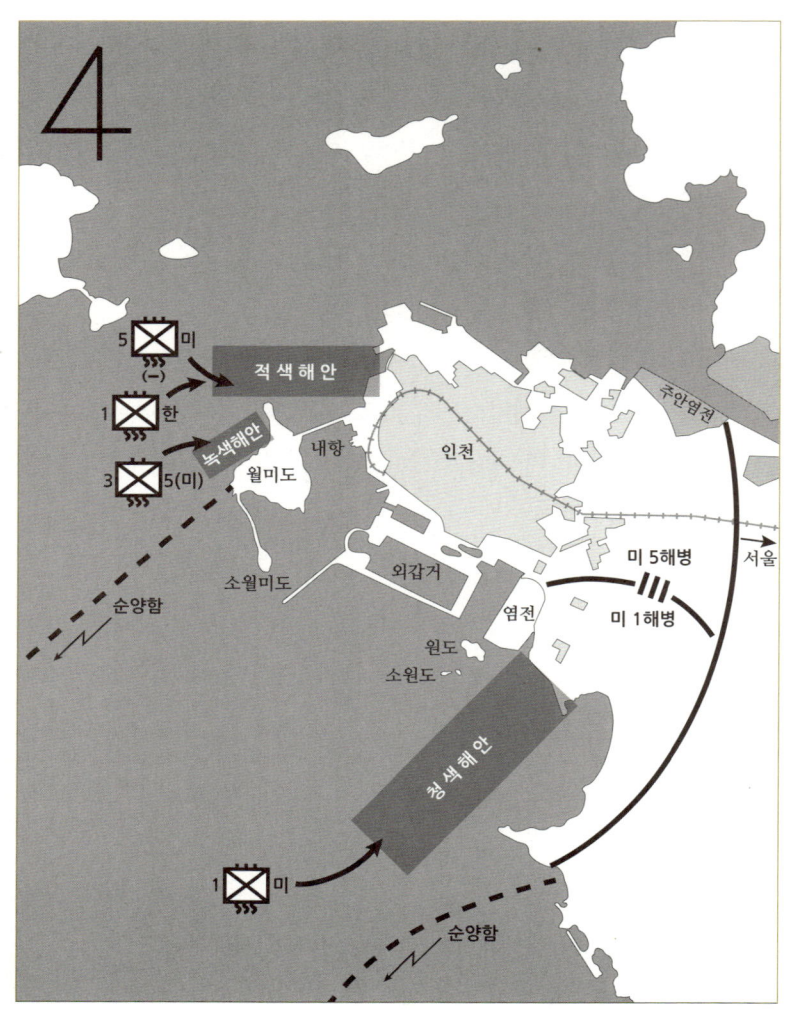

인천상륙작전 상황도

로 결정했다. 그리고 이 2개의 사단이 교두보를 확보하면, 우리는 중포병과 공병대 그리고 그 외 다른 지원부대를 해안에 상륙시키기로 했다.

2개의 사단(제1해병사단, 제7보병사단)과 지원대는 새로 구성된 미 제10군단에 편성되었다. 맥아더 장군은 크게 신뢰하는 참모장 에드워드 알몬드 장군을 제10군단의 사령관에 임명했다. 일반적이라면, 미 제10군단은 미 제8군사령관인 월튼 워커Walton Harris Walker 장군의 지휘를 받아야 했다. 그 당시 극동아시아 지역의 모든 미군들은 제8군 지휘하에 있었다. 그러나 맥아더 장군은 이례적으로 알몬드를 자신의 직속 부하로 임명했다. 이렇게 한 이유는 맥아더 장군이 워커 장군을 신뢰하지 못했기 때문이다. 그는 워커 장군이 좀 더 적극적으로 주일미군의 점령 임무 해제를 추진해야 했고 재편된 미 제8군의 장교들과 사병들을 더욱 엄격하게 훈련시켜야 했는데 그렇게 하지 않았다고 생각했다.

맥아더 장군은 알몬드 장군을 참모장으로 두었기 때문에 워커 장군은 주요 부대에 대한 지휘권을 행사할 수 없을 뿐만 아니라 참모장을 통해 맥아더 장군의 명령을 전달받았다. 따라서 미 제8군과 제10군단 지휘관들은 서로 관계가 좋지 못했고, 워커 장군은 알몬드가 자신과 맥아더 장군 사이를 이간질하고 있다고 생각했다.

상륙작전에 있어서 첫 번째 과제는 언제 상륙할 것인가였다. 조수간만 차와 태풍에 대한 기록을 분석한 우리는 9월 15일이 가장 적합하다고 알몬드 장군에게 보고했다. 이 날은 조수와 날씨가 상륙하기에 유리하고, 태풍 발생 가능성도 가장 낮을 것으로 예상했다. 9월 중순까지 상륙에 필요한 병력과 장비를 집결하기에는 시간이 부족했지만, 우리는 작전에 적합한 조수간만의 차를 또다시 기다릴 수 없었다. 한 달 후에는 날씨가 영하로 떨어지기 때문이다.

알몬드 장군은 불과 몇 시간 만에 결정을 내렸다. 그는 다음과 같은 글을 보냈다.

'좋아. 승인하지. -알몬드-'

그 다음에는 소형주정으로 상륙할 것인지 아니면 LST_{Landing Ship Tank; 상륙작전용 함정}로 상륙할 것인지를 정해야 했다. 소형주정의 이점은 상륙군을 분산시킬 수 있기 때문에 적의 포와 박격포 사격에 덜 취약하다는 점이다. 반면에 소규모 분대단위로 상륙하기 때문에 적의 요새화된 방어진지를 공격하기에는 강력하지 못했다. 그에 비해 LST 한 척은 1개 중대 병력과 지원무기 및 탄약을 한꺼번에 상륙시킬 수 있다. 하지만 LST는 육지에 도달했을 때, 병력과 장비를 신속하게 상륙시켜야 한다. 왜냐하면 LST는 마치 물 밖에 나온 고래처럼 조수가 바뀔 때까지 약 12시간 동안 적의 공격에 매우 취약하기 때문이다.

확실한 것은 이 두 가지 중 LST가 작전에 더 유리하다는 것이다. 많은 병력이 상륙하는 것이 유리하기 때문이다. 그럼에도 불구하고 한 가지 큰 장애물이 남아 있었다. 우리는 비록 충분한 수의 LST를 보유하고 있었지만 이것을 운항하는 데 필요한 승조원은 충분치 않았다. 당시 LST 승조원은 일본에서 구할 수는 있었지만 소련의 보복을 두려워했던 일본 정부는 인력 제공을 꺼려했다. 결국 이에 대한 정보를 비밀로 하겠다고 약속한 후에야 일본 정부 관료들로부터 동의를 얻을 수 있었다. 그리고 또 다시 맥아더 사령관은 우리에게 메모를 보냈다.

'알몬드, 그대로 추진하게.'

버지니아 군사학교 VMI

미국 버지니아 군사학교 Virginia Military Institute는 1839년에 창설된 주립사관학교로, 이름은 군사학교이지만 법적으로는 민간인 특수학교다. 학사학위를 취득한다는 점에서는 일반대학교와 같으나 교육방식에서는 정규사관학교와 같이 엄격한 군대식 교육을 받고, 졸업생들은 일부는 장교로 임관해서 직업군인의 길을 택하고, 나머지는 순수 민간인사회에 진출해서 지도자의 길을 걷는다.

이 학교 출신으로서 가장 유명한 군인은 마셜 George C. Marshall 원수가 있다. 웨스트포인트는 전적으로 무인 지도자를 양성하는 곳인데 비해 VMI는 문무양쪽에서 활약할 수 있는 지도자를 양성하는 곳이라고 할 수 있다.

미 합동참모본부 JCS

전시 미국의 군사력에 대한 전략지침에 관한 사항 조언. 한국전쟁 당시 합동참모본부 요원은 각 군에서 선발된 약 210명의 장교로 구성되었다. 합동참모의장 브래들리, 육군참모총장 콜린스, 해군참모총장 셔먼, 공군참모총장 반덴버그가 주요인물이다.

미군의 최고 통수권자인 트루먼 대통령을 비롯하여 국가안보결정책임자인 국무장관과 국방장관에게 군사적 외교적 사안을 조언하고, 국가안전보장회의에서 미국의 세계전략과 대한對韓정책 결정에 중요한 역할을 담당했다. 맥아더 장군의 해임 건의와 같은 인사문제도 대통령의 지시를 받아 수행하고, 전쟁 국면에 중대한 영향을 미칠 인천상륙작전이나 중공군의 개입 이후 미군 철수와 같은 중요한 군사정책을 결정했다.

미 제10군단

인천상륙작전을 위해 특별히 구성한 부대로, 미 제1해병사단과 육군 제7보병사단이 10군단으로 배속되었다. 지원부대로는 제2공병특수여단, 3개 포병대대로 구성된 제5포병단과 제6보급단, 제60병기단 등의 연대 단위 부대, 전투공병대대와 시설대대, 통신대대, 수송대대, 의무대대 등의 대대 단위 부대가 포함되었다. 이 부대들은 원래 미 제8군에 배속될 예정이었지만, 제10군단에 전환 배속되었다가, 1950년 12월 26일 미 제8군에 배속되었다. 1954년 한국에서 철수했으며, 1955년 4월 27일에 캔자스 주 포트 라일리에서 해체되었다. 에드워드 L. 로우니도 한국전쟁 당시 중령으로 미 제10군단의 군수책임자였다.

03

임시준장이 되다

　맥아더 장군은 1950년 9월 29일에 이승만 대통령이 서울로 되돌아가기를 원했다. 9월 29일은 서울이 북한군에 점령된 지 3개월이 되는 날로 매우 큰 상징적 의미를 지니고 있었다. 맥아더 장군은 이승만 대통령과 함께 서울로 들어가는데 있어, 헬리콥터를 이용하거나 수륙양용 장갑차로 서울 남쪽에서 강을 건너가는 것을 달가워하지 않았다. 대신 그는 자동차를 타고 한강 다리를 경유해서 서울로 들어가기를 고집했다.

　맥아더 장군은 그렇게 하지 않으면 국민들이 서울을 완전히 탈환했다고 생각하지 않을 거라고 생각했다.

그러나 상륙일로부터 9월 29일까지는 시간이 불과 2주 정도밖에 남지 않았다. 우리는 북한군이 한강을 건널 수 있는 유일한 다리가 미군쪽에 넘어가기 전에 파괴할 것이라고 확신했다. 따라서 내가 해야 할 다음 임무는 한강을 가로지르는 다리를 만드는 것이었다. 그러나 태평양 지역에는 강 하나를 완전히 도하할 수 있는 단일형태의 교량용 자재가 없기 때문에 쉬운 일이 아니었다. 보통 창고에는 350m 길이의 다리를 만들 수 있는 정도의 자재만 저장되어 있었다. 그러나 서울의 한강은 그 폭이 1km가 넘었다. 세 가지 유형의 교량용 자재—총 50개의 주교舟橋—를 사용해야 필요한 길이를 확보할 수 있었다. 또한 서로 다른 유형의 주교를 연결해주는 표준화된 연결 부품도 존재하지 않았다. 그래서 상륙 후에 연결장치 제조 시설을 세우는 계획을 수립해야만 했다.

게다가 한강은 세계에서 유속이 가장 빠른 축에 드는 시속 6마일(시속 9.6km)의 감조하천感潮河川이었고, 12시간마다 물의 흐름이 바뀌었다. 물론 주교에는 닻이 하나씩 있지만, 조수가 바뀔 때 안정성을 위해서 각각의 주교 반대쪽도 고정시켜줄 수 있는 닻이 50개 더 필요했다. 그러나 50개의 닻을 구하는 것은 생각처럼 쉽지 않았다.

작전그룹에서 유일한 공병장교인 나는 한강도하 계획을 수립하라는 임무를 받았다. 내가 계획을 수립하고 있을 때 어느 날 맥아더 장군이 찾아와서 이렇게 말했다. "로우니, 자네는 다리 세우는 방법을 잘 알고 있는 것 같군. 그렇다면 제10군단의 공병여단을 맡아 주게."

나는 이렇게 대답했다.

"그렇게는 할 수 없습니다. 공병여단장의 계급은 준장인데 저는 중령에 불과합니다."

맥아더는 나에게 "상관없네. 자네를 즉시 준장으로 진급시켜주겠네."라고 말했다.

이렇게 맥아더 장군은 자신이 원하는 것을 얻었다. 그는 나를 '임시' 준장으로 진급시켰고, 이때부터 나는 맥아더 장군의 희망에 따라 별 하나를 달았다. 나는 월급을 제외하고는 준장에게 주어진 모든 특권과 권한을 행사 할 수 있어 큰 자부심을 느꼈다. 내가 알고 있기로 미국 역사상 임시 준장으로 임명된 장교는 독립전쟁 당시 조지 워싱턴의 공병단장이었던 타데우스 코시우스코Thaddeus Kosciusko 뿐이며, 그는 나의 영웅이었다.

그럼에도 아직 극복해야 할 장애물은 많았다. 병사들이 인천항을 둘러싸고 있는 30피트(9m) 높이의 벽을 올라갈 수 있도록 하기 위해 일본의 여러 공장에 200개의 알루미늄 사다리를 주문했다. 사다리를 10피트(3m) 길이의 부품 상태로 제작하여, 3개의 부품을 하나로 조립하면 벽을 오를 수 있었다. 이 주문은 우리가 상륙작전을 계획 중이라는 확실한 증거였다. 주문사실을 안 기자들은 아마도 이 작전이 견고한 방파제로 둘러싸여 있는 한국 유일의 항구인 인천에서 이루어질 것이라는 점을 쉽게 알아낼 수 있었을 것이다. 그러나 기자들은 자신들이 알고 있는 사실들을 외부로 누설하지 않았고, 이에 대해 우리는 감사하게 생각했다.

또 다른 큰 문제는 마실 물이었다. 정보에 의하면, 인천의 수돗물에는 염분이 섞여 있어 식수로 적합하지 않고, 서울로부터 연결된 하나의 파이프라인에서 공급되는 물만이 마실 수 있다고 했다. 북한군은 서울에서 수도관을 차단해서 물 공급을 끊어버릴 수도 있었다. 우리가 북한군이라면 적군을 막기 위해 이러한 조치를 취했을 것이다. 이에 대한 우리의 해결책은 물탱크로 신선한 물을 운반하는 것이었다. 그러나 태평양 지역에서 구할 수 있는 탱크는 석유를 운반하던 선박들뿐이었다. 유조선을 물탱크로 사용하기 위해 세 번씩 증기로 세척했지만 기름기를 완전히 제거할 수 없었다. 병사들이 이 물을 마신다면 구토 할 것이 뻔했다. 하지만 이 선박을 이용하는 것 이외에는 다른 대안이 없었다. 나중에 밝혀졌지만 북한군은 우리가 이러한 문제를 안고 있었다는 점을 알지 못했고 수도관을 차단하지 않았다.

짧은 시간에 병력과 장비를 집결시켜 이동하려면 수많은 장애물을 극복해야 했다. 또 일본, 하와이 그리고 미국 서부지역으로부터 수많은 보급품이 도착해야 했다.

우리는 이러한 장애물들을 극복하긴 했지만 예정된 상륙 날짜를 이틀 앞두고 큰 폭풍을 만났다. 교량 자재의 상당 부분이 배 밖으로 쓸려 나갔을 때 우리는 절망감을 느꼈다. 조사 결과, 8톤 정도의 자재가 없어졌음을 확인했다. 나는 미국 서해안에서 교량 자재를 구한 후, 우리가 인천에 상륙한 이후 김포 비행장으로 공수해 달라고 긴급 요청했다. 인천과 서울 사이에 위치한 이 비행장은 미군의 중요한 목표물이었다. 나의 요청은 논란을 불러 일으켰다. 왜냐하면 김포 비행장은 기관총, 박격포, 포탄과 같은 우선순위 품목들을 위해서만 특별히 사용되어야 하기 때문이었다. 그럼에도 내가 요청한 이 공수작전은 승인되었다.

04

인천 해안제방을
사다리로 넘다

9월 14일은 끝나지 않을 것 같은 매우 긴 하루였다. 알몬드 장군과 미 제10군단의 참모들은 다른 특별한 이유 없이 그저 초조함 때문에 동이 트기 전 U.S.S.[10] 마운트매킨리 함 U.S.S. Mount McKinle 에 올라탔다. 우리 모두는 오전 9시로 예정된 회의 시간을 기다리지 않고 2시간 일찍 회의실로 향했고 오전 9시에는 내일 수행하게 될 작전을 예행연습했다. 우리는 불안감에 자주 커피를 마셨고, 기도를 했다. 솟구치는 아드레날린과 카페인으로 잠시 기분이 들뜨다가 다시 오랫동안 가라앉았다. 우리는

10 미국해군전함의 약칭 : United States Ship

적색해안에 상륙하는 미 해병대원, 사다리를 타고 제방을 넘고 있다.

북한군이 상륙작전을 눈치 채고 김포 비행장에 있는 북한군 전투기들이 미군을 공격을 하지 않을까 우려했다.

그런 일은 일어나지 않았다. 그러나 우리는 안도감을 느끼기는커녕 점점 더 불안감에 휩싸였다. 북한군이 인천항을 지키기 위해 수백 발의 부유기뢰와 침저기뢰를 부설했다는 정보장교의 경고가 있어, 그것들과 충돌하지 않을까 조바심이 났다. 그리고 북한군이 인천항의 방조제와 해안을 방어하기 위해 한강 북쪽에서 군대를 파견하지 않을까 걱정했다.

정오가 되었을 때 식당은 텅 비어 있었다. 우리들 대부분은 음식을 먹는 것에 별로 관심이 없었다. 오전과 마찬가지로, 오후 3시에 시작될 예정인 교회 예배를 위해서 오후 1시에 회의실로 향했다. 군종장교는 45분의 예배시간을 할당 받았으나, 2시간 동안 예배를 할 수 있게 되자 기뻐했다. 이런 예배는 처음이라, 나도 모르게 박수를 치면서 '주를 찬양하라!'와 '아멘'을 외쳤다. 완전히 녹초가 된 우리는 해가 떨어지자마자 바로 잠자리에 들었지만 대부분 잠을 설쳤고 다음 날 새벽 5시에 기상나팔 소리와 함께 다시 일어나야 했다.

상륙작전은 1950년 9월 15일 동이 트자마자 시작되었고 때는 만조滿潮였다. 제1연대에서 약 1,000여 명의 해병대가 LST를 타고 해안으로 돌진해 갔고, 200개의 알루미늄 사다리를 기어 올라 인천항의 방조제를 넘기 시작했다. 제1해병연대의 나머지 2,000여 명 병사들은 방조제의 북쪽에 있는 해안으로 상륙했다. 그리고 3,000여 명의 제5해병연대

보급품 및 탄약 등을 하역하는 황색해안

1950년 9월 15일 | **사진** 미국 해군

는 방조제의 남쪽으로 상륙했다. 제1파는 북한 방어군을 신속하게 격퇴했고 사상자는 얼마 되지 않았다. 썰물이 되었을 때, 해병대는 이미 해안에 자리를 잡았다. 그리고 12시간 후 만조가 되었을 때 제2파가 상륙했다. LST는 차량과 전차, 경포 등을 해안에 내렸고, 다시 밀물이 될 때까지 해안에 놓여 있었다.

우리는 기습공격을 완수했고 상륙작전은 대성공이었다. 예상했던 장애물에도 불구하고 행운이 따라주었으며 기뢰와 물속의 장애물은 거의 존재하지 않았다. 또한 북한군의 저항도 매우 미약했다. 작전을 계획하고 첫 상륙작전에 참여했던 우리 모두는 크게 안도했다. 맥아더 장군은 작전의 계획자들이 제1파에 참여한다면 정신을 더욱 가다듬을 수 있을 거라고 했던 말이 떠올랐다. 그의 말은 옳았고 우리는 매우 운이 좋았다.

다음 날 아침에 제3파가 상륙하면서, 모든 해병대와 대부분의 장비가 해안에 내려졌고 병사들은 강하지 않은 적의 저항을 뚫고 서울로 향했다. 알몬드 장군은 그의 작전참모G-3인 맥카프리McCaffrey 대령과 함께 해안에 내리기로 결정했고 나에게도 함께 가자고 했다. 우리는 제1해병사단 소속 연대장 2명을 찾아갔다. 그 중에 루이스 "체스티" 풀러Lewis "Chesty" Puller 대령은 매우 많은 훈장을 받은 해병대 장교로서 2개의 해군수훈십자훈장을 받은 바 있다. 그리고 레이몬드 "레이" 머레이Raymond "Ray" Murray 대령은 다리에 총상을 입어 목발을 짚고 다니면서도 지휘권을 포기하지 않았다.

맥아더 장군(우)과 스미스 소장(좌)

1944년 | **사진** 미국정부

풀러의 연대는 머레이의 연대보다 더 앞으로 나아갔으며 해안에서 2km 거리에 있었다. 알몬드 장군은 풀러를 칭찬했다. 그러면서 적의 저항이 강하지 않은데도 그가 한강을 향해 계속 나아가지 않는 이유를 물었다. 풀러는 진격하기에 앞서서 사단장 올리버 P. 스미스Oliver P. Smith 소장의 명령을 기다리고 있다고 말했다. 그는 이렇게 덧붙였다.

"해병대 교리敎理에 따르면 상륙한 병사들은 모든 야포가 해변에 내려질 때까지 기다렸다가 진격해야 합니다."

경포는 해안에 내려졌지만, 중포는 아직 바다에 있었다.

알몬드 장군이 말했다.

"나는 해병대 교리에 별로 관심이 없네. 빨리 이동하지 않으면 적군이 병력을 증강해서 한강을 건너기 어려워질 수도 있네."

풀러는 이렇게 대답했다.

"죄송합니다. 그렇지만 저는 오직 지휘계통을 통해서만 명령을 받습니다."

알몬드 장군은 무전으로 스미스 소장에게 연락을 취했다.

"스미스 장군. 지금 당장 풀러 대령과 머레이 대령에게 북쪽으로 진격하라고 명령을 내려주시오."

스미스 장군은 이렇게 대답했다.

"그렇게 할 수 없습니다. 해병대 교리에 따라 우리는 모든 야포가 내려질 때까지 진격할 수 없습니다."

알몬드 장군은 때때로 교리를 버려야 할 때가 있고 지금이 바로 그때라고 참을성있게 설명했지만 스미스 장군은 완강했다. 알몬드 장군은 이렇게 말했다.

"내가 풀러 대령에게 무전을 넘기면, 북쪽으로 이동하라고 명령해주시오."

결국 스미스 장군은 이동하라는 명령을 내렸다. 풀러 대령은 크게 미소를 지으면서 알몬드 장군에게 경례한 다음, '이제 출발하겠습니다.'라고 말했다.

풀러 대령은 빠르게 진격해야 한다는 것을 잘 알고 있었고 그렇게 하고 싶어했다.

한편 적의 저항은 점점 강해졌다. 해병대는 한강을 건너온 북한 전차부대의 반격에 직면했다. 체스티 풀러 대령은 항공지원을 요청했고 그의 요청은 즉시 받아들여졌다. 한 시간 후에 아군의 비행기가 내려와서 북한군 전차부대를 전멸시켰다. 알몬드 장군은 해병대에게 신속하게 진군하도록 명령했고 한강에 빨리 도착해야 한다고 말했다.

그는 연대장들에게 다음과 같이 말했다.

"계속 전진하고 한강의 제방을 확보해라. 그리고 북한군이 한강 이남에 병력을 증강하지 못하게 하라."

그때 아직까지 바다에 있었던 스미스 장군은 해병대의 진격을 늦추고자 했다. 그러나 연대장들은 스미스가 아니라 알몬드의 말을 들었다. 한강으로 향하면서 우리는 북한군이 이미 한강의 남쪽 제방으로 넘어왔고 한강을 가로지르는 유일한 다리를 폭파했다는 것을 알았다. 이것은 우리가 한강을 건너는 데 필요한 위치를 확보하려면 한강 남쪽에 있는 북한군을 소탕해야 한다는 것을 의미했다.

9월 20일에 머레이 대령의 제1대대는 무방비 상태에 있는 진지를 찾아내 신속하게 한강의 북쪽에 도착했다. 그리고 적의 미약한 저항을 뚫고 빠르게 진격했고 서울의 서쪽에 거점을 확보했다.

머레이 대령 연대의 동쪽에 있던 체스티 풀러 대령은 강한 저항에 맞서 싸우며 한강의 남쪽에 있는 영등포로 진격했다. 그는 그곳 언덕에 있는 마을을 요새화하면서 공격에 대비했다. 풀러 대령을 방문한 알몬드 장군은 그에게 은성훈장銀星勳章을 주고 싶다고 말했다. 바닥에 구부린 자세로 앉아 있는 풀러에게 다가간 다음 그는 "이보게, 체스티. 왜 웅크린 자세로 앉아 있는 건가?"라고 물었다.

풀러 대령이 대답했다.

"저는 웅크리고 있는 것이 아니라 적의 공격에 대비하고 있는 겁니다. 선 자세로 있으면 적의 공격을 받을 수 있습니다."

"걱정하지 말게. 우리는 적의 사정거리에서 멀리 떨어져 있네. 이곳까지 날아오는 것은 탄피 밖에 없네."

"장군님, 저는 바로 그 탄피 때문에 동생을 잃었습니다."

웅크리고 있던 풀러 대령은 알몬드 장군을 잡아 당겨서 무릎을 꿇게 했다.

그러자 알몬드 장군은 몸을 앞으로 숙인 채 다음과 같이 말했다.

"자네의 용맹을 기리기 위해 은성훈장을 수여하고 싶네. 일어나서 나에게 경례를 하고, 자네에게 훈장 달아주는 모습을 사진으로 촬영하세."

서울 시가에서 교전 중인 해병대
1950년 9월 | **사진** 미 해군 역사센터

풀러는 자리에서 일어났고 사진병이 사진을 촬영하자마자 그는 알몬드의 손에서 바로 훈장을 재빨리 낚아챘다. 다시 웅크린 풀러 대령은 알몬드 장군을 자신의 옆에 앉힌 다음 말했다.
"장군님, 훈장증 내용은 안 읽으셔도 됩니다. 나중에 제가 읽어보겠습니다. 우선 시급한 문제부터 논의하는 게 좋을 것 같습니다."

한강에
부교를 설치하라

　머레이 대령은 한강 북쪽에 1개 대대를, 남쪽에 2개 대대를 두고 있었다. 북한군은 북쪽 제방에서 병력을 증강하고 있었고 서울의 서쪽에 위치한 머레이 대대의 주위를 둘러싸고 있었다. 그날 밤 머레이 대령은 지원자들을 선발, 헤엄쳐서 한강을 건너게 했다. 남쪽에 있는 2개 대대가 도하할 지점을 찾기 위한 정찰 임무였다. 그들은 건너는 도중에 적군에게 발각되었고, 안타깝게도 적의 사격을 받고 육지에 오르지도 못하고 대부분 사망했다.

　머레이 대령은 나에게 이 사실을 알려주었다. 그는 이렇게 말했다.

"로우니 장군님. 강을 어떻게 건너야 할지 잘 모르겠습니다. 퀀티코[11]에서 저희는 해안을 공격하는 방법은 배웠지만, 강을 건너 공격하는 방법은 배운 적이 없습니다."

나는 그의 말을 도저히 믿을 수 없었다. 나는 그에게 이렇게 말했다. 해병대가 상륙작전을 할 때는 목표 해안에서 0.5마일(800m) 이상 떨어진 함정에서 줄사다리를 타고 수륙양용 장갑차에 탑승한 다음, 해안교두보를 확보하기 위해 로켓포와 기관총을 발사하지 않는가? 그렇다면 강을 건널 때도 수륙양용 장갑차에 해병대를 태운 다음, 사격을 하면서 앞으로 돌진해 강 건너 기슭을 공격하면 된다고 설명해주었다.

또한 감조하천을 건널 경우에는 세 가지의 변수(조수의 속도, 장갑차의 속도, 건너야 될 거리)를 계산해서 장갑차를 목표 지점으로부터 상류 또는 하류 지점에서 출발시켜야 하며, 강을 건널 때는 상륙 때와 마찬가지로 장갑차가 잘 보이지 않도록 연막차장(煙幕遮帳)을 이용할 수 있고, 강을 건널 때는 적이 주 목표 지점을 알 수 없도록 목표 지점에서 상류나 하류 방향 쪽으로 견제공격을 해야 한다는 것도 알려주었다.

머레이 대령이 이 모든 것을 직접 부하 지휘관들에게 제대로 설명하기 어렵다고 생각해서, 나는 김포 비행장에 머레이 예하 대대장과 중대

---

11 미국 버지니아주 동북부 해안에 있는 해병대 장교 훈련소

장들을 모두 모아놓고 '강 도하작전'에 관한 강의를 하기로 했다. 그리고 약 1시간 후 이들 모두는 무엇을 해야 할지 잘 알게 되었다.

그날 저녁에 머레이 대령은 김포 비행장에서 부하들과 함께 도하에 대해 배웠던 것을 성공적으로 실행에 옮겼다. 1개 소대를 이용해서 견제공격을 한 다음, 2개 대대가 한강 도하에 성공했다. 연막차장과 포격을 통해서 그의 군대는 한강의 북쪽을 방어하던 북한군을 물리치고 발판을 확보했다. 적의 미약한 저항에 맞서서 빠르게 진격한 머레이의 제2대대와 제3대대는 적에게 포위된 제1대대를 구출했다. 이제 머레이의 연대는 서울의 서쪽을 장악했다.

동쪽에서는 약 5,000여 명의 북한군이 동이 틀 무렵에 한강을 건너 풀러 대령의 부대를 공격했다. 용감한 해병대는 방어에서 공격으로 전환했고 침입한 북한군에 반격을 가했다. 이들은 승리를 거두었으며 살아남은 소수의 북한군은 헤엄쳐서 도주했다.

풀러 대령은 이러한 상황을 이용, 신속하게 한강을 건넜고 서울 동쪽에서 적의 미약한 저항을 뚫고 전진했다. 이제 서울의 양쪽 측면 모두를 미 해병연대가 장악했다.

해병대는 서울의 동쪽과 서쪽 외곽을 차지했지만, 서울을 점령하는 데는 어려움이 있었다. 북한군은 전략적 요충지인 동쪽 고지를 점령하고 그곳에서 집중적으로 포격을 가했다. 한국인들은 이 고지를 남산南山

공사중인 다리 아래에 있는 군인들
1950년 10월 14일 | **사진** 미군

이라고 불렀다. 북한에는 높이가 2,000m 이상인 산도 있지만 남한에는 가장 높은 산이 1,950m에 불과했기 때문에 이 언덕이 산으로 불렸다. 알몬드 장군은 서울을 수복하려면 이 남산을 확보해야 한다는 점을 잘 알고 있었고, 이에 육군 제7사단과 함께 상륙했던 제32보병연대에 이 임무를 부여했다.

제32보병연대는 도하 준비를 위해 남산 맞은편에 있는 한강의 남쪽 기슭으로 이동했다. 이들은 5마력의 선외기船外機 모터를 장착하고 30구경의 기관총을 설치한 가벼운 고무 보트에 척당 12명씩 나눠 타고 강을 건널 계획이었다. 그러나 이 보트는 유속이 시속 1.5~3km인 강을 건널 수 있도록 만들어졌다. 그보다 유속이 3배나 빠른 한강 물속으로 보트를 밀어 넣자 보트는 다시 강 기슭으로 밀려 나왔다. 이렇게 제32보병연대의 도하장비는 무용지물이 되었다.

이제 수륙양용 장갑차로 강을 건너는 것이 확실한 해결책이었다. 이 장갑차는 상륙전上陸戰 전문인 해병대가 함정에서 해안으로 무기와 탄약을 운반하기 위해 개발된 것으로, 무게는 17톤이었고 250마력의 엔진을 장착, 수상에서는 7노트(시속 13km), 육지에서는 시속 30km의 속도를 낼 수 있었다. 제2차세계대전 초기에 해병대는 이 장갑차를 전투용 차량으로 채택, 50구경 기관총 2정을 달고 1개 소대(30명)를 실어 나르는 용도로 썼다. 1개 해병사단은 20대의 수륙양용 장갑차를 보유하고 있었다.

알몬드 장군은 스미스 장군에게 그의 해병사단이 보유하고 있는 장갑차들을 제32보병연대에 넘겨주라고 명령했다. 그러나 스미스 장군은 그 장갑차는 미 해병대의 재산이라며 그의 명령을 거절했다. 이에 화가 난 알몬드 장군은 인내심을 발휘하면서, 모든 군 장비는 미국 정부 소유이고 제1해병사단도 자신의 10군단에 소속되어 있다고 스미스 장군을 설득했다. 스미스 장군이 또 다시 거절하자 알몬드 장군은 자신의 명령을 강제로 밀어붙였다.

장갑차를 타고 강을 건넌 제32보병연대는 한강 맞은편 기슭을 확보하는 데 성공했다. 부상자는 경미했고 장갑차는 단 1대도 잃지 않았다. 출발했던 강기슭으로 돌아온 장갑차들은 2차 도하에서 연대의 경포와 사단의 중포대대를 한강 건너편으로 운반했다. 정 위치에 방열된 야포들은 남산을 향해 집중포격을 가했다. 그리고 제32보병연대의 1개 대대가 동쪽으로, 다른 1개 대대가 서쪽으로 전개해 남산을 공격했다. 제32보병연대는 약간의 사상자가 발생했지만 결국 남산을 점령하는 데 성공했다. 이제 남산이 아군의 손에 넘어 왔기 때문에 해병대는 서울을 향해 공격을 감행할 수 있었다.

북한군은 자신들이 포위되었다는 것을 깨닫고 북쪽으로 철수했으며 해병대는 아무런 저항도 받지 않고 서울로 무혈입성하기 시작했다. 그러나 서울을 함락하기도 전에 맥아더 장군은 너무 빨리 서울이 미군의 통제 하에 놓여 있다고 발표 했다. 항상 과시하는 것을 좋아했던 맥아더 장군은 북한군이 서울을 침공한지 3개월 후인 9월 25일에 수도를 탈환했다는 점을 극적으로 보이게 하고 싶어했다.

한편 나는 한강을 가로지르는 부교 pontoon bridge를 세울 준비로 여념이 없었다. 나는 파괴된 다리가 있었던, 강폭이 가장 좁은 지점에 부교를 세우는 계획을 세웠다. 강폭이 가장 좁은 지점에 부교를 세우면, 주교와 닻을 가장 적게 사용할 수 있지만, 물의 흐름도 가장 빠르기 때문에 다리 세우기가 어려웠다. 우리는 김포 비행장에 주물공장을 세웠고 이곳에서 철공 경험이 있는 병사들이 여러가지 다양한 형식의 주교들을 연결해 줄 장치를 제작했다. 이것은 쉽지 않은 작업이었지만 우리는 이틀만에 부교 설치에 필요한 충분한 부품을 제작했다. 그리고 나서 우리는 남쪽 제방과 인접한 곳에 부교를 설치했다. 우리의 계획은 부교의 한쪽 끝부분을 강기슭에 고정시키고, 2대의 장갑차를 이용하여 반대쪽 끝부분을 강 건너편으로 옮기는 것이었다.

우리는 부교를 설치할 준비가 되었으나, 북한군이 우리를 포격할 수 있는 야포와 박격포를 사정거리 안에 배치해 두고 있다는 것도 알고 있었다. 육군 교리에는 강 건너편에 있는 적의 화기를 완전히 제압한 후에 부교를 설치해야 한다고 되어있다. 그러나 맥아더 장군은 자신이 선택한 기념일인 9월 29일에 차가 서울로 진입할 수 있도록 부교를 완공하라고 강한 압력을 가하고 있었다. 이 날짜는 우리가 인천에 상륙한 날로부터 2주밖에 되지 않았다. 우리가 작업을 시작하자 북한군은 바로 우리의 계획을 간파했고 부교를 향해서 박격포와 대포를 발사하기 시작했다. 우리는 조수 방향이 바뀌어도 다리가 제 위치에 고정될 수 있도록 주교의 양편에 닻을 계속 설치했다.

부교에 대한 북한군의 공격은 점점 강해졌고 닻을 설치하던 여러 공병들이 부상을 입거나 전사했다. 내가 이끌고 있던 5명의 공병 대령들 중 한 명도 직접 주교 설치 작업을 지휘하다 전사했다. 또 다른 대령은 부교를 설치하던 병사들이 죽어가는 것을 보면서 그들의 죽음이 자신에게 있다는 생각에 괴로워하며 신경쇠약에 걸렸다.

06

맥아더,
부교를 건너 서울수복 행사장으로

　당시 전선에 있었던 우리는 몰랐지만, 맥아더 장군은 서울에서 이승만 대통령에게 통치권을 넘겨주는 기념식을 하고 싶어했고 이 사실은 미국 정부에서 큰 논란을 일으켰다. 미 국무부는 한국의 통치권을 이승만 대통령에게 넘겨주는 것은 바람직하지 않다고 생각했다. 그 이유는 일부 진영에서 이승만을 권위주의적인 독재자로 여기고 있었기 때문이다. 국무부는 이에 대한 결정권을 UN에 위임해야 한다고 생각했다.

　그러나 맥아더 장군은 이에 반대했으며, 이승만 대통령은 정당하게 선출된 한국의 대통령이라고 주장했다. 만약 우리가 이승만을 대통령으

이승만으로부터 무공훈장을 받고 있는 랄프 A. 오프스티 해군소장

로 복귀시키지 않는다면 혼란이 발생될 것이고 누가 권력을 얻게 될 것인지 알 수 없게 될 것이라고 했다. 따라서 맥아더 장군은 이승만 대통령이 헌법에서 정한 책임을 이행하도록 해 주는 것이 자신의 의무라고 생각했고, 항상 그렇듯이 그는 자신이 원하는 것을 쟁취했다.

이러한 일이 워싱턴에서 진행되고 있을 때, 우리는 시종일관 부교 설치를 위해 열심히 일하고 있었다. 내가 지휘했던 대령들 중 한 명인 페어뱅크스Fairbanks는 우리 부대에 매우 중요한 인재였다. 나는 그가 지휘했던 제41공병연대에서 근무한 적이 있었다. 특히 제2차세계대전 이후에 페어뱅크스는 지름 5피트(1.5m)의 탐조등을 개발하는데 선구적 역할을 했다. 탐조등의 개발로 야간에도 공격은 물론 다리 공사가 가능해졌다. 페어뱅크스 대령은 한강에서 탐조등과 발전기 사용을 요청했고, 이를 통해서 다리 공사 작업시간을 2배로 늘릴 수 있었다.

원활하게 진행되던 다리 공사는 9월 28일에 갑자기 어려움에 봉착했다. 강한 돌풍으로 인해서 주교가 닻에서 떨어져 나가 강 하류로 흘러내려갔다. 장갑차를 이용해서 떨어져 나간 주교를 회수한 다음 원상복귀 시키는 데 많은 시간이 소요되었다. 다음 날 동이 틀 때 우리는 연결부분을 강화하기 위해 와이어를 이용해서 파손된 다리를 복구하는 데 성공했다. 다리를 완공하려면 아직도 5시간이 더 필요했다. 그런데 맥아더 장군이 이승만 대통령과 함께 2시간 후 이 다리를 건널 예정이라는 소식이 전해졌다.

공병들의 초인적인 노력으로 우리는 가까스로 완공시간을 맞출 수 있었다. 맥아더 장군과 이승만 대통령은 김포 비행장에 도착한 후에 4대의 쉐보레와 40대의 지프로 이루어진 자동차 행렬을 형성하여 예정된 시간에 한강을 건넜다. 이들은 이 부교가 불과 1시간 전에 완공되었다는 것을 알지 못했다. 나중에 나는 아내에게 보낸 편지에 이러한 긴장된 순간에 맥아더 장군이 물 위를 걸을 수 있기를 진정으로 희망했다고 썼다.

군 간부들과 정치 지도자들이 불길에 휩싸여 검게 탄 서울 시가지로 들어섰을 때 그들의 미소는 굳은 표정으로 바뀌었다. 그럼에도 불구하고 자동차 행렬은 어느 파괴된 강당(중앙청)으로 향했고 그곳에서 행사가 진행되었다. 강당 안의 모든 좌석은 한국군과 이승만 정부의 관료들 그리고 상륙작전에 참여했던 미군 고위직 장교들로 채워졌다.

맥아더 장군과 이승만 대통령 모두 능숙하게 연설을 했다. 맥아더 장군은 하나님의 뜻에 대해 언급하고 주 기도문을 낭송하는 것으로 연설을 마무리했다. 연설 도중에 포탄 하나가 날아와 강당 유리가 산산조각 났다. 이에 참석한 장교들은 재빨리 철모를 착용했다. 그러나 맥아더 장군은 마치 아무 일도 없었다는 듯이 침착하고 또렷한 목소리로 주기도문을 낭송했다. 이승만 대통령은 서울을 탈환하고 자신에게 통치권을 되돌려 준 맥아더 장군과 UN에 감사를 표했다. 맥아더 장군과 마찬가지로 그도 역시 한국을 해방시켜 주신 것에 대해 하나님께 감사하다고 말했다. 참석한 많은 사람들이 행사 내내 줄곧 눈물을 흘렸다.

파괴된 중앙청 주변 모습

1950년 11월 1일 | **사진** F.L. 샤이버 대위, 미군

인천상륙 이후 한국의 한 어린 여자아이

1950년 9월 16일 | **사진** 로널드 L. 행콕, 미군

인공기가 게양된 서울시청의 모습
왼쪽에는 스탈린, 오른쪽에는 김일성의 사진이 걸려있다.

중앙청 앞에 태극기가 올라가는 모습

07

우드장군과
나눈 편지

도쿄에 도착한 순간부터 상륙작전을 위해 출발할 때까지 나는 우드 장군과 계속 서신을 주고 받았다. 도시계획 설계자로 제2의 인생을 시작한 우드 장군은, 나와 서신왕래를 통해 여러 가지 문제해결을 위한 자신의 혁신적이면서도 기발한 방법들에 대해 이야기했다. 군대에서나 사회에서나 그는 변함 없이 '스모키 조'였다. 나는 그에게 보낸 편지에서 도쿄에 예정보다 빨리 도착한 것과 일본 전국을 여행한 것 등에 대해서 이야기했다. 우드는 여행 기회를 얻은 것은 큰 행운이라고 했다.

왜냐하면 그 여행을 통해서 나는 일본의 인구학적 측면과 사회적 관습 등에 대해 알 수 있었기 때문이다. 그는 알몬드 장군이 맥아더 장군의 참모장이라는 것에 기뻐했고 알몬드 장군이 맥아더 장군을 영웅으로 여긴다는 점에 대해서는 그리 놀라워하지 않았다. 나는 알몬드 장군이 맥아더를 미국 최고의 장군으로 여길 뿐만 아니라 시저, 한니발, 나폴레옹과 더불어서 역사상 가장 위대한 군사 지도자 중의 한 명으로 여기고 있다고 했다.

우드는 이에 대해 잠시 생각한 후, 알몬드는 맥아더 장군 밑에서 근무하기 이전부터 이미 맥아더 장군을 절대로 실수를 하지 않는 군사 천재로 여겼다고 했다. 이어 우드는 알몬드 장군이 나를 발탁한 것에 대해 전혀 놀라지 않았다. 또한 알몬드가 자신의 주변에 재능 있는 장교들을 둠으로써 자신의 경력에 도움이 되기를 원했을 것이라고 하면서 나를 칭찬했다.

우드는 내가 부담스러운 맥아더 장군의 대변인 직책을 맡게 된 것에 대해 측은하게 생각했지만, 오히려 이것이 기자들을 상대하는 방법을 배울 수 있는 좋은 기회가 될 수 있다고 했다. 그는 내가 인천상륙작전의 계획 수립자 중 한 명으로 선발된 것에 대해 매우 기뻐했다. 그리고 그는 맥아더 장군과 같은 박식함과 인내심, 매력을 갖춘 사람만이 참모들로 하여금 이러한 인천상륙작전계획을 승인하게 할 수 있을 것이라고 했다. 그는 인천상륙작전이 앞으로 역사상 22번째의 위대한 전투로 기록될 것이라는 맥아더의 말에 동의했다. 또한 그는 나를 제10군단 공병여단장으로 임명하고 실제 계급보다 2계급 더 높은 준장 대우를 해준 맥아더 장군을 칭찬했다. 우드는 나에 대한 첫 근무 고과표에서 다음과 같이 언급했다.

"로우니 소위는 장성將星이 될 수 있는 잠재력을 지니고 있고 가능한 한 빨리 진급하게 될 것이다."

우드가 더 놀랐던 점은 제41공병부대에서 계획 및 작전 장교였던 페어뱅크스 대령이 나의 휘하에서 공병연대를 지휘하고 있다는 점이었다. 그러면서 우드는 페어뱅크스가 대위였을 때 소위였던 장교 밑에서도 충실하게 수행하는 진정한 장교이자 신사라고 했다. 우드는 자신이 참모들에게 혁신에 대해 설명했던 것이, 페어뱅크스가 5피트(1.5m) 탐조등을 발명한 것에 도움을 주지 않았을까 추측하기도 했다.

우드는 맥아더 장군이 알몬드 장군을 제10군단의 사령관으로 임명한 것은 수긍했지만, 동시에 참모장까지 겸직하게 한 것에 대해서는 수긍하지 못했다. 나는 맥아더 장군이 미 제8군 사령관 월튼 워커 장군을 신뢰하지 않았기 때문에, 알몬드에게 2개의 역할을 부여한 것은 충분히 납득할 만하다고 설명했다. 우드는 만약 맥아더 장군이 워커에 대한 신뢰를 잃었다면 그를 면직시켜야 마땅했다고 하면서 그 점에 대해서는 동의하지 않았다. 그는 완강하게 지휘계통의 통일을 전쟁의 원칙으로 삼아야 한다고 하면서 이렇게 얘기했다.

"단일 지휘관의 지휘 하에서 전투를 하지 않는다면, 어떠한 전투에서도 승리할 수 없다."

그러면서 그는 아마도 이런 원칙을 위반하고도 전쟁을 해나갈 수 있는 유일한 사람이 맥아더 장군일 것이라고 했다.

제7기병연대로부터 공격을 받고 있는 북한군 진지, 낙동강 전선

사진 미군

서울에서 열린 국군과 유엔군의 평양 입성 퍼레이드

An AMERICAN SOLDIER'S SAGA
of the KOREAN WAR

chapter 03

북진

월러비 장군의
중대한 실수

서울 수복 이후 몇 주 동안 미국 정부는 우유부단한 태도를 보였다. 서울 수복이 완료되어갈 무렵, 미 합동참모본부는 맥아더 장군에게 메시지를 보냈다. 이 메시지에는 중국이나 소련의 확실한 위협이 없는 한 38도선 북쪽에서의 군사활동을 허가한다는 내용도 들어 있었다. 그러나 소련과 중국의 국경을 넘어서는 안 되며, 공중폭격 및 해상화력을 통한 이 지역 목표물을 공격해서는 안 된다고 했다. 그리고 다음과 같은 말로 결론을 내렸다.

"정책상, 소련과 국경을 접한 북동쪽 지역이나 만주 국경 주변지역에 한국 지상군이 아닌 부대는 투입되지 않을 것입니다."

이 메시지는 미군을 포함한 어떠한 UN군도 38도선을 넘어서 진격할 수 없다는 점을 명확히 했다. 따라서 38도선 이북으로는 오로지 한국군의 진격만을 허용한다는 뜻이었다.

새로 미 국방장관으로 임명된 마셜George C. Marshall 장군은 그날 늦게 맥아더 장군에게 다음과 같은 메시지를 보냈다.
"맥아더 장군은 전술과 전략상으로 38도선 북쪽으로 진군하는데 문제될 것이 없습니다."

맥아더 장군은 마셜 장관의 메시지가 이전에 받은 합동참모본부의 메시지를 대체하는 것으로 받아들였고, 자신이 38도선의 북쪽으로 유엔군을 이동시킬 수 있는 권한을 위임 받았다고 생각했다. 오늘날까지도 역사가들은 맥아더 장군이 합동참모본부와 마셜 장군 중 누구의 지시를 따랐어야 했는지에 대해 논쟁하고 있다. 마셜의 지시가 합동참모본부의 지시를 대체하는 것으로 여겨질 수도 있고, 아니면 그가 합동참모본부의 지시에 대해 몰랐을 수도 있다.

그러나 다음 두 가지 사항은 명확했다. 첫째, 미국정부가 보낸 메시지 간의 혼동은 진격방침을 두고 두 가지 생각이 있었다는 점이다. 두 번째는 맥아더 장군은 원하는 일을 하는 데 필요한 권한을 가질 수 있기 때문에 마셜 장군이 보낸 메시지를 따르기로 했다는 점이다.

1950년 10월 중순에 트루먼 대통령은 하와이와 일본의 중간에 위치한 웨이크Wake 섬에서 맥아더 장군을 만났다. 하지만 이 회담은 두 시간 만에 끝났다. 첫 30분 동안 트루먼 대통령과 맥아더 장군은 대화를 나누었으나 이 대화는 기록되지 않았다. 이 회담에 대해 취재했던 멀 밀러 기자는 맥아더 장군이 트루먼 대통령을 기다리게 했고 경례를 하지 않았으며 대통령을 그리 존중하지 않는 것처럼 보였다고 말했다.

훗날 나는 백악관 수석 출입기자였던 메리만 스미스에게서 이 이야기가 사실이 아니라는 말을 들었다. 그는 맥아더 장군이 대통령 앞에서 철저하게 예의를 갖추었다고 말했다. 밀러는 틀림없이 이 회담을 자극적으로 보도하려고 했다. 이를 인식한 역사가들도 결국 그의 보도를 평가 절하했지만 유감스럽게도 오늘날까지도 언론에서는 밀러의 조작된 이야기가 만연하고 있다.

몇 년 후, 트루먼 대통령은 자신의 회고록에서 맥아더 장군이 미국 해외참전용사 협회에 서신을 보내 자신을 비판한 점에 대해 사과했다고 밝혔다. 그리고 트루먼은 자신이 맥아더의 사과를 받아들였고 이제 그 문제는 끝났다고 언급했다.

웨이크 섬에서의 회담 이후, 도쿄로 돌아온 맥아더 장군은 극동군사령부FECOM에 전투 재개 계획을 준비하도록 지시했다. 인천에서 진격해 온 미 제8군의 제1군단과 제9군단은 서쪽을 맡아 북쪽으로 공격 하기로 했고, 동쪽에서는 제10군단이 원산으로 상륙한 후에 북으로 공격하기로 했다. 한국군은 두 방향으로 나뉜 미군들 사이에 놓인 험준한 산악지역으로 진격하기로 했다.

　1950년 10월 19일 북한군이 급하게 산속으로 도망쳤기 때문에 미 제8군은 손쉽게 평양을 점령했다. 한국군國軍 제1군단이 동해안을 따라 빠르게 이동하여 원산을 먼저 점령하는 바람에 제10군단은 상륙작전을 할 필요가 없어졌다. 이곳에는 수많은 소련제 기뢰들이 있어 상륙작전이 거의 불가능했을 것이라는 점을 고려하면 다행이 아닐 수 없었다. 이곳에 상륙할 예정이던 해병대는 함정에서 헬리콥터를 타고 원산으로 이동했다. 제10군단을 위문공연을 하러 미군위문협회USO 그룹과 함께 원산에 도착한 밥 호프는 항구에 "해병대원들을 환영합니다 −밥 호프Bob Hope"라는 대형 표지판을 설치했다. 좀 더 북쪽에는 미 제10군단의 제7보병사단이 한국의 서부지역에서 함흥으로 항공기를 타고 이동했다. 함흥은 북한의 동쪽 해안에 위치한 흥남 항구와 인접해 있다.

　한 달 전, 북한과 중국의 경계를 이루고 있는 압록강 남쪽에 중공군이 나타났다는 보고가 있었다. 맥아더 장군은 전군全軍에 가능한 한 빨리 국경으로 향하도록 지시했다. 중부전선에서 진격하던 한국군 1개 사단이 중공군을 만난 후 무참히 패했다. 그리고 며칠 후 또 다른 한국군 사단은 강력한 전력의 중공군을 만나 압록강 남쪽 40km 지점에서 더 이상 앞으로 나가지 못했다. 한편 서부지역의 청천강에서는 제7기병연대가 중공군의 공격을 받아 전체 병력 900명 중 600명이 피해를 입었고, 대부분의 차량도 잃었다. 제7기병연대의 남은 병력 300명은 적에 맞서 온 힘을 다해 싸웠다.

(가운데 넥타이를 맨 사람)밥 호프[12], 원산, 한국

1950년 10월 26일 | **사진** CPL 알렉스 클라인, 미군

[12] **밥 호프(Bob Hope, 1903~2003)** 미국 희극 배우. 당시 그는 '미국 코미디의 황제'라고 불렸다. 한국전쟁 당시 유엔군이 북한군을 추격하여 압록강까지 진격할 당시 원산에서 위문공연을 했다.

마릴린 먼로[13], 한국

1954년 2월 17일 | **사진** CPL 웰시맨, 미군

13 **마릴린 먼로**(Marilyn Monroe, 1926~1962) 미국의 여배우로 세계적인 섹시 심벌로 인기를 얻은 그녀는, 한국전쟁 후 지친 주한미군을 위한 위문공연을 했다.

동부전선의 제7해병연대는 2명의 중공군 병사를 생포했다. 이 포로들은 심문하기 위해 제10군단사령부로 보내졌다. 미 제8군의 정보참모인 윌러비 장군은 압록강 남쪽에 중공군이 있다는 것을 믿지 않았기 때문에, 알몬드 장군은 도쿄에 있던 윌러비 장군을 비행기로 데려와 포로들을 직접 보게 했다.

윌러비는 중공군 포로들을 직접 만나고도 이렇게 말했다.

"이들은 중공군이 아니라 북한군입니다."

이에 나는 큰 소리로 이렇게 말했다.

"이들은 분명 중공군입니다. 눈에 있는 몽골주름을 보면 알 수 있지 않습니까?"

윌러비는 계속 우겼다.

"말도 안 돼. 이들은 한국사람이야."

윌러비도 다른 많은 사람들처럼 아시아인들은 다 똑같이 생겼다고 생각했다.

수원 비행장으로 향하고 있는 한국군

사진 미군

논 위를 걸어가는 북한군 포로들

1950년 | **사진** 미국 해병대 사진

윌리엄 스티네트 일병이 중공군을 면밀하게 살펴보고 있다.

사진 미군

09

장진호 전투, 교량부품을 공중투하 하라

10월 말, 알몬드 장군은 함흥과 흥남 지역에서 제10군단의 3개 사단(제1해병사단, 육군 제7보병사단, 육군 제3보병사단)을 재편했다. 그의 목표는 이들 50,000여 명의 병력이 진격하여 가급적 빨리 압록강에 도달하는 것이었다. 11월 세 번째 주에 이 3개의 사단은 수천 평방 킬로미터 면적의 거친 산악지대에 분산되어 있었다. 이곳은 세계 최고의 오지개마고원 중 하나로 꼽히고 최대 8,000피트(2,400m)높이의 산으로 둘러싸여 있으며 사람과 달구지만 지나갈 수 있었다. 때때로 미군은 차가 다닐 수 있게 좁은 길을 넓게 뚫어야 했다.

내륙으로 70km 이상 깊숙이 들어가 있는 미 제1해병사단은 장진호長
津湖 양쪽을 따라 진격해 갔다.

장진호는 함흥과 흥남 지역 북쪽의 고원지대에 위치한 길이가 긴 호수다. 매년 이맘때가 되면 장진호는 꽁꽁 얼어 붙지만 날씨가 따뜻해지면 수천 피트 아래에 위치한 발전소로 물이 흘러 내려갔다. 미 제7사단은 이보다 더 동쪽에 위치해 있었고 제7사단 소속의 제17보병연대는 11월 21일에 압록강으로 진격했다. 알몬드 장군은 군대를 강하게 밀어붙여 북쪽으로 진격시켰기 때문에 제7사단의 다른 연대간의 거리는 최대 100km까지 벌어져 있었다. 비록 제10군단이 진격할 때 적군의 저항은 약했지만, 험난한 지형과 추운 날씨는 진군에 큰 방해가 되었다.

서부전선의 미 제8군은 계속해서 산발적인 공격을 시도했고 중공군도 역시 이에 맞서 간헐적으로 반격했다. 중공군이 전면 공격을 위해 병력을 집결시키고 있다는 데는 의심의 여지가 없었다. 11월 25일 밤에 200,000명 규모의 중공군이 미 제8군을 상대로 대규모 공격을 감행했다. 중공군의 요란한 종소리와 북소리, 나팔소리, 고함소리는 병사들의 간담을 서늘케 했고, 이것은 한국전에서 가장 격렬하고 잔혹한 전투가 임박했음을 알려주었다.

비록 용감하게 싸우긴 했지만 한국군 병사들은 대부분 포로로 잡히거나 부상 또는 전사했다. 미 제2보병사단은 청천강을 따라서 방어태세를 취했다. 제2보병사단의 여러 연대 중에서 제9보병연대가 가장 큰 피해

전우를 잃고 슬퍼하는 병사들
1950년 8월 28일 | **사진** 알창, 미군

를 입었다. 후에 내가 지휘를 맡게 되는 제38보병연대는 남북을 잇는 도로 주변에 위치한 교통 요충지인 군우리軍隅里에서 거의 전멸되다시피 했다. 제38연대의 피해규모가 얼마나 컸던지 일부 도로에서는 미군 시체로 인해 통행이 불가능할 정도였다. 부상병들을 수송하는 차량들도 정원 초과 상태여서 일부 부상병은 먼저 차에 타려고 싸움을 벌이기도 했다. 한편 제23보병연대는 철수부대 엄호작전을 위해 평양의 북쪽에 방어선을 구축했다.

미 제9군단은 주로 중공군의 공격으로 사상자가 발생했지만, 제10군단은 적군보다는 추운 날씨로 인한 사상자 수가 더 많았다. 당시에는 아직 방한복이 개발되지 않았다. 따라서 병사들은 여러 벌의 옷을 겹쳐 입어 몸을 따뜻하게 유지해야 했다. 나는 양말 세 켤레를 신었기 때문에 큰 사이즈의 군화를 신어야 했다. 또 3벌의 모직 속옷과 2벌의 코트를 입었다. 또한 대부분의 미군은 침낭도 2개를 겹쳐서 사용했다. 난로는 매우 귀했다. 구한 난로도 동굴 안에서 사용해야 했고, 병사들은 15분 간격으로 돌아가면서 난로를 쬐었다. 그러나 그 어떠한 것도 지독한 한기寒氣를 쫓아주지 못했다. 심지어 우리는 에스키모인들이 사용한다는 돼지기름을 몸에 발랐으나 별로 효과가 없었다. 결국 많은 병사들이 동상에 걸려 팔과 다리를 절단해야 했다.

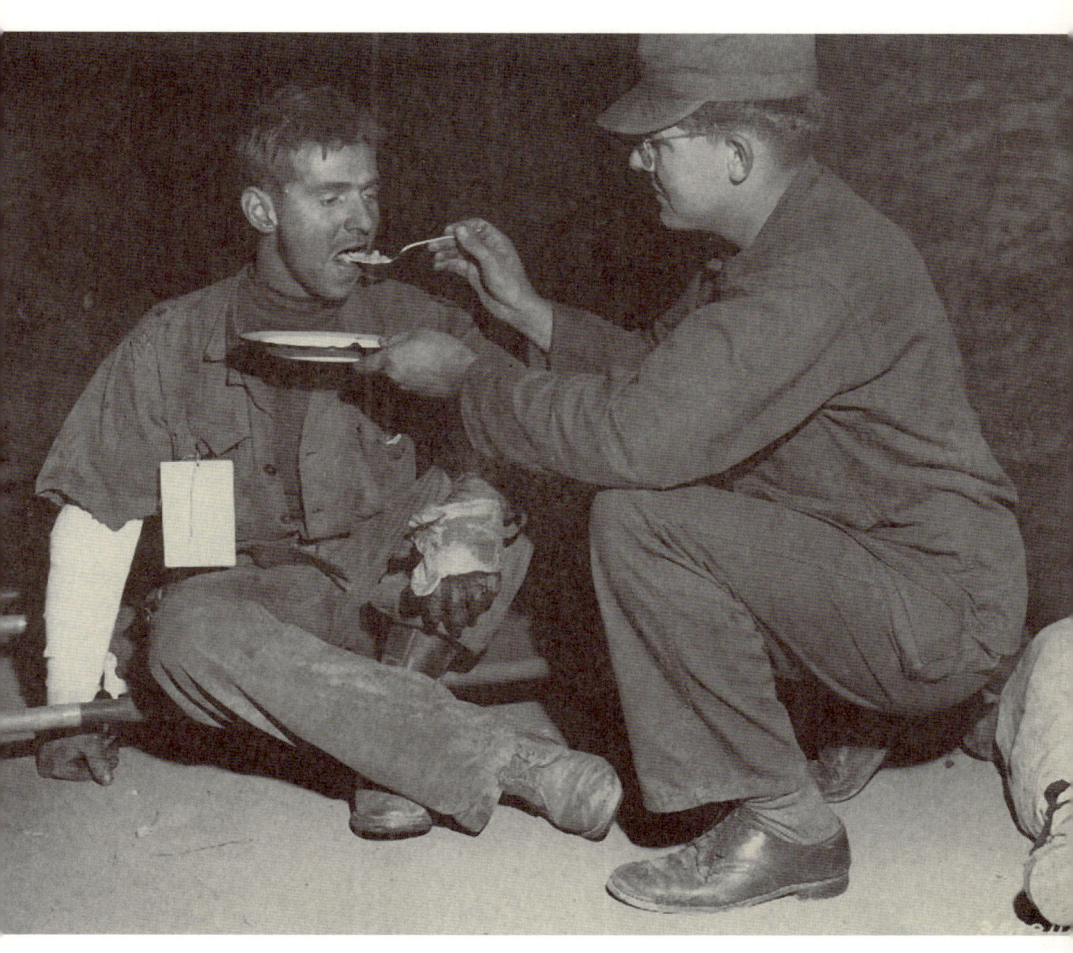

동료로부터 식사도움을 받고 있는 부상병

사진 미군

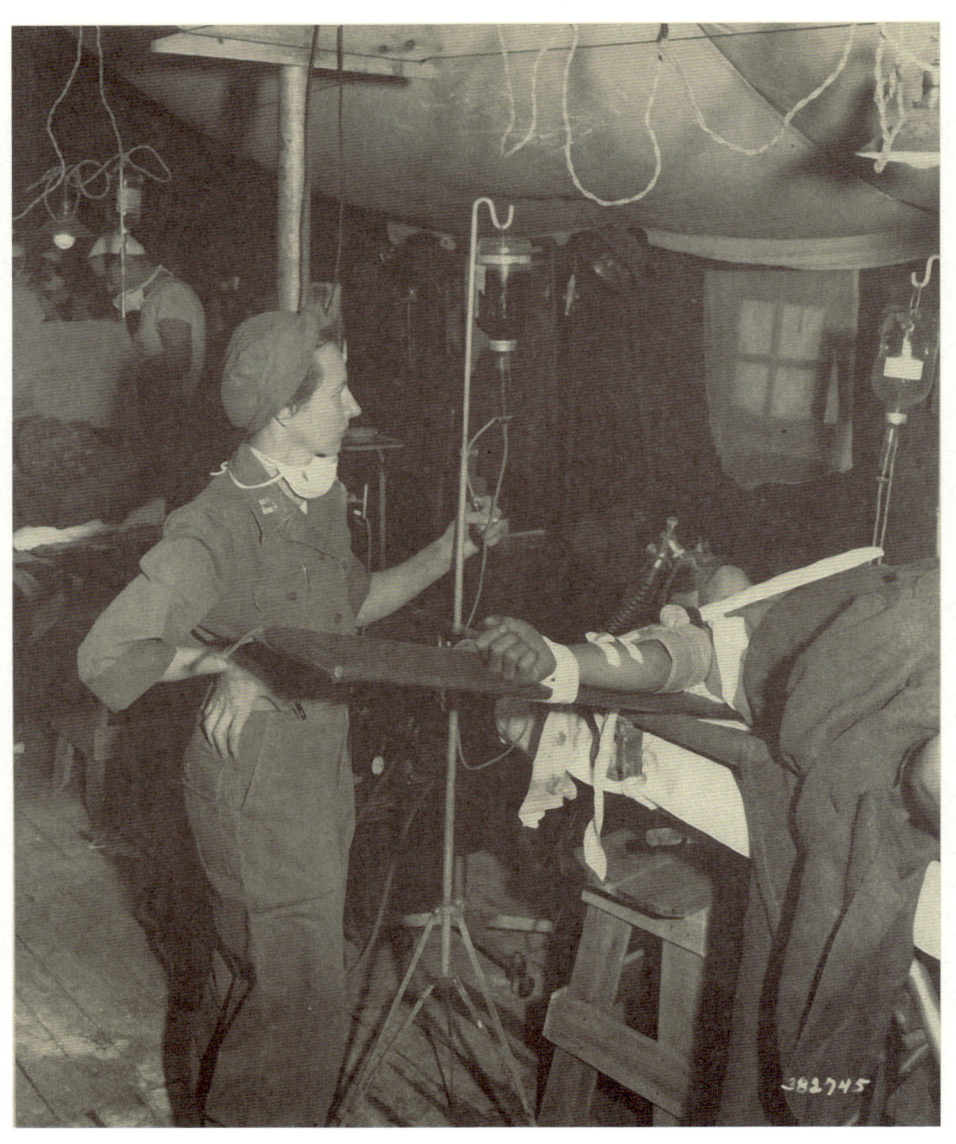

간호장교인 실비아 파볼비치 대위,
미 제8군이 한국에서 부상을 입은 미 제10군단 병사들에게 수혈하는 모습

사진 미군

제1기병사단의 임시 공동묘지, 대구, 한국

1950년 8월 25일 | **사진** 미군

전투에서 사망한 미군 시신을 USS 랜달 함에 싣고 있다.

1951년 3월 11일 | **사진** CK 로즈, 미 해군

우리가 추위와 싸우는 동안에 중공군은 서부전선에 있는 미 제8군과 동부전선의 제10군단을 동시에 공격했다. 미 제1해병사단은 천천히 진격해 나갔고 병참선을 유지하기 위해 노력했다. 그리고 이것은 각 부대들이 중공군의 공격을 방어하는 데 도움을 주었다. 적의 공격을 받은 해병대는 장진호의 남쪽에서 철수부대의 엄호작전을 성공적으로 수행하며 장진호 주변에 방어선을 구축했다. 이와는 대조적으로 미 제7사단은 넓게 분산되어 있어서 강력한 중공군의 공격을 받았을 때 철수부대 엄호작전에 실패했다.

이제 내가 해야 할 과제는 섭씨 영하 30-35도의 추운 날씨 속에서 장비가 작동하도록 유지하는 것이었다. 우리는 양쪽 끝에 대형 텐트를 세웠고 텐트 안에는 난로를 설치했다. 이렇게 해서 불도저는 활주로를 평평하게 할 수 있었고, 불도저 운전병들과 장비도 쉬는 시간에 온기를 쬘 수 있었다. 우리는 얼어붙은 땅을 녹이기 위해 폭탄을 터뜨리기도 했다. 이것은 이론상으로는 좋은 아이디어였지만 실제로는 별다른 효과를 거두지 못했다. 따뜻한 불도저 블레이드가 땅을 녹여 흙이 불도저 블레이드에 달라 붙었다. 이 문제를 해결하기 위해 나는 블레이드에 여러 가지 윤활제를 사용해 봤지만 오직 스키용 왁스만이 효과가 있었다. 그래서 나는 200파운드(약90kg)의 스키 왁스를 일본에서 공수해 달라고 요청했다.

그러나 미군 신문인 '스타스 앤 스트라이프스'의 한 기자가 이 사실을 알고 스키 왁스를 공수한 나를 비난하는 기사를 실었다. 내가 전쟁 수행

활주로 공사를 하고 있는 미 육군공병, 한국

1950년 | **사진** 로우니 콜렉션

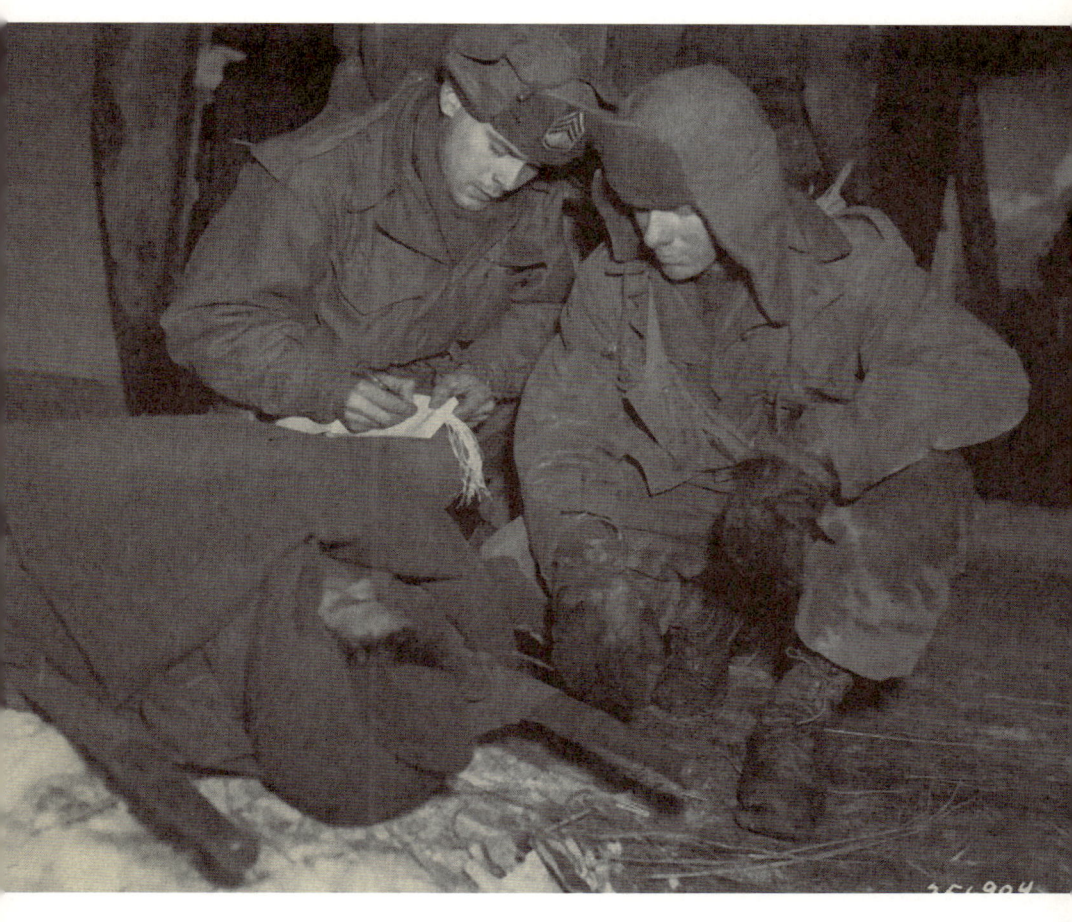

부상병 수송준비를 하고 있는 위생병

사진 미군

보다 스키를 더 좋아하고, 국민들의 혈세를 낭비했다고 주장했다. 그러나 실제로 나는 생명을 구하기 위해 애쓰고 있었다.

설치해 놓은 난방텐트는 산발적인 중공군의 공격을 받거나 박격포탄을 맞고 파괴되었다. 정찰을 통해서 적의 박격포가 발사된 곳을 찾아냈을 때, 중공군은 또 다른 곳에 그들의 기지를 세우기 위해 이동하고 없었다.

이러한 와중에도 우리는 여전히 추위와 싸워야 했다. 북한의 겨울은 매우 건조했고 눈이 적었지만 가끔씩 바람이 불기 시작하면 온도가 5도씩 급강하 했고 가루 같은 눈발이 마치 먼지폭풍 같은 뿌연 구름을 형성했다. 이런 경우 우리는 몇 미터 앞도 제대로 볼 수 없었다. 그럼에도 비행장 설치 작업은 계속됐고 많은 고생 끝에 비행장은 완성됐다. 시야 확보가 어렵고 활주로 표면이 고르지 못했음에도 불구하고 비행기를 운항한 용기 있는 조종사의 도움으로 우리는 수백여 명의 부상자들을 항공기로 수송할 수 있었다. 이러한 우리의 노력은 11월 29일부터 12월 9일까지 낙하산으로 투하된 1,500여 톤의 보급품 덕분에 더욱 힘을 얻었다.

비행장의 활주로가 건설되는 동안에 미 제1해병사단의 사단장인 스미스 소장 인천상륙작전 시에 고집스럽게 해병대 교리를 고수하려 했던 인물은 효과적인 방어선을 구축했다. 이 방어선은 지름이 1.5마일(2.4km)인 원형으로 되어 있었다. 상륙작전 이후 북쪽으로 진격작전을 수행했던 연대장 체스터 풀러 대령은 방어선 주변을 걸어 다니면서 해병대의 사기를 진작시켰다.

그는 대담하게도 적군의 포격 속에서 5마일(8km)길이의 방어선에 있는 진지를 돌면서 해병대를 격려했고 5개의 중공군 사단을 막아 낼 수 있다고 말했다. 또 다른 연대장인 레이 머레이 대령은 풀러와 함께 하기를 원했지만 인천에서 입은 부상 때문에 목발에 의지해야 했다. 그리고 세 번째 연대장인 윌버트 '빅 풋' 브라운Wilburt "BigFoot" Brown 대령 역시 풀러와 머레이와 마찬가지로 매우 용감한 장교였다.

활주로가 완공되자 나는 폭이 30피트(9m)에서부터 100피트(30m)까지 다양한 고토리古土里협곡을 건널 방법을 생각한 다음, 흥남에 있는 공병 참모에게 이 문제를 언급했다. 제2차세계대전 때 내가 지휘했던 대대의 부대대장이었던 알 윌더Al Wilder 소령은 C-119 수송기로 협곡의 가장자리 부근에 다리의 각 부분들을 공중투하한 다음 조립하자고 제안했다.

이것은 매우 야심찬 아이디어였지만 다리의 각 부분들을 비행기로 수송할 만큼 용감한 공군 조종사를 찾는 것은 쉬운 일이 아니었다. 왜냐하면 대부분의 사람들이 이것은 불가능하다고 주장했기 때문이다. 다리의 부품들을 공중투하 할 경우 비행기 무게가 급격하게 변해 비행기 제어가 어렵다는 것이 그 이유였다.

다행히 우리는 이러한 주장에 동의하지 않는 조종사를 찾아냈다. 우리는 아이디어를 검증하기 위해 이 조종사에게 흥남 남쪽 아군 지역에 다리의 부품을 투하하게 했다. 이 조종사는 뛰어난 기술로 비행기를 안정적으로 제어할 수 있었지만 다리 부품들은 그렇지 못했다. 부품들은 낙하산이 제대로 펴지지 않아 그대로 땅으로 떨어져서 박살이 났다. 우리는 낙하산을 더 많이, 그리고 철저하게 설치함으로써 이 문제를 해결했다. 그리고 다음 날 우리는 다리의 부품들을 방어선 남쪽 지역에 투하했다. 이것은 일본에 주둔하고 있는 제8081병참중대의 뛰어난 낙하산 정비병과 제1503공수비행단의 용감한 C-119조종사들이 있었기 때문에 가능했다. 이 병참중대의 문서에는 다음과 같이 기록되어 있다.

"육군에 대한 칭찬이 나오면 해병대원들은 보통 대화 주제를 몬테주마의 영웅The Halls of Montezuma[14]들로 돌리거나 혹은 날씨에 대해 얘기한다. 그러나 육군의 공수병참부대가 다리를 공중투하 했던 일을 얘기하면, 해병대도 칭찬을 아끼지 않았다."

공병들은 즉시 협곡에서 가장 폭이 좁은 지점으로 가서 다리를 조립하기 시작했다. 다리 조립에는 약 2시간 정도의 시간이 걸렸다. 다리 설치할 시간을 확보해 주기 위해서 육군 포병 장교인 존 페이지John U.D. Page 중령이 지휘하는 해병대가 적의 공격을 방어했다. 페이지 중령은 적을 측면에서 교묘하게 공격함으로써 시간을 벌 수 있었다. 이러한 노력 덕

---

14 **몬테주마(Montezuma)의 영웅** 텍사스 독립을 두고 1846년 4월 미국과 멕시코간의 전쟁이 발발. 1847년 9월 멕시코 시 관문인 차풀테펙 요새에서 벌어진 전투에서 멕시코 군은 크게 패했고, 이 전투의 영향으로 1848년 멕시코는 텍사스의 미연방 합류를 인정하였다. 미국이 차풀테펙 전투에서 승리할 때 해병대가 '몬테주마'궁에 제일 먼저 성조기를 게양했다. 이것을 기념하기 위해 해병대 찬가(Marines' Hymn)에 몬테주마의 궁이 나오게 되었고, 전투에 참가하여 승리를 거둔 해병대를 몬테주마의 영웅이라고 부른다.

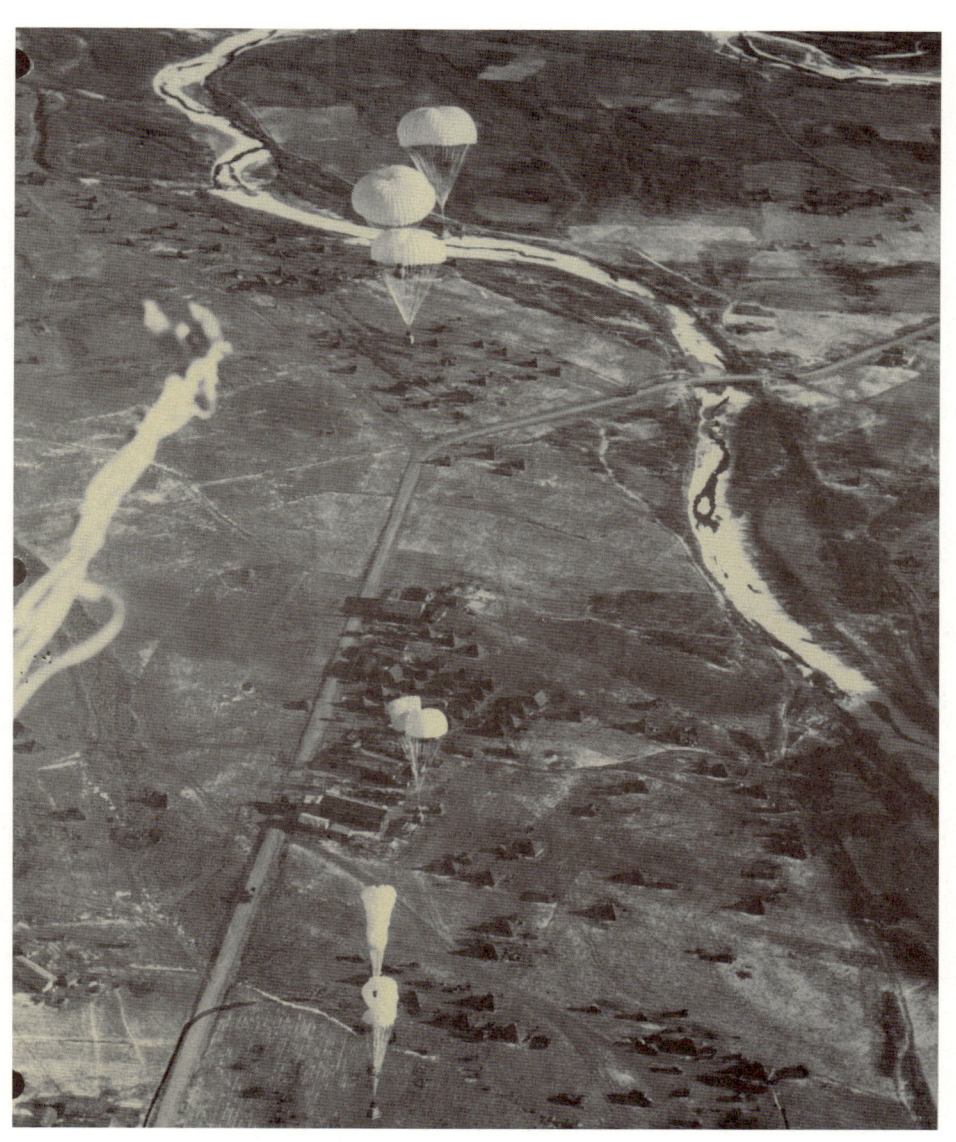

미군과 UN군에 투하되는 보급품

사진 미국 공군

분에 적들은 다리를 조립하는 공병들에게 포격을 거의 할 수 없었고, 공병들은 다리를 조립할 수 있었다.

다리가 준비되자, 공병들은 협곡을 가로지르기 위해서 지렛대 받침 위로 다리를 밀어서 이동시켰다. 아마도 이것은 역사상 가장 놀라운 교각공사로 기록될 것이라고 생각했다. 다리가 설치되자 해병대는 추격하는 적군을 물리치면서 일사불란하게 주변지역을 빠져나갔다. 이 협곡을 건너고 나서 이들은 측면을 보호하기 위해 오른쪽과 왼쪽으로 정찰대를 보냈다. 이것은 완벽하게 수행된 군사작전이었다. 이 작전의 성공으로 우리는 부상자들과 전사자들을 얼어붙은 황무지에 남겨두지 않고 수송할 수 있었다.

페이지 중령의 영웅적인 행동은 계속됐다. 그는 적 진지 중심부에 대한 기습공격으로 많은 적을 살상했다. 그러나 단독으로 적과 교전하던 페이지 중령은 중상을 입었다. 그리고 그는 사후에 명예훈장을 받았다.

C-119 수송기

한국전쟁 당시 미 공군이 병력 및 물자 수송에 사용하였으며, 특히 평양탈환 당시인 1950년 10월 20일 평양 근교인 숙천·순천지역의 미 공정연대空挺聯隊 전투단의 병력과 105mm 곡사포 등 장비의 투하작전에 운용되었다. 최대속도는 350km/h이며, 항속거리 2,850km, 최대이륙중량 38,000kg이다.

군우리 軍隅里 전투

군우리 지역은 청천강 상류 남쪽, 개천의 북쪽에 위치한 교통과 지형상의 요충지.

중공군의 2차 공세에 밀려 11월 29일 미 제9군단은 미 제2사단에 터키여단과 국군 제3연대를 배속하고, 군우리지역에서 지연전을 전개하여 미 제8군의 우익을 엄호한 후, 순천 후방으로 철수하도록 명령하였다. 11월 30일 미 제2사단은 철수를 하던 중 군우리-순천간 협곡지대에서 매복중인 중공군의 집중공격을 받아 수천 명의 사상자가 발생했고, 많은 장비도 잃었다. 이 전투로 한국전쟁 참전이후 최대의 피해를 입은 미 제2사단은 1개 연대전투단 수준으로 전투력이 감소되었다. 이후 미군은 이 전투를 가리켜 '인디언의 태형笞刑'이라 불렀다.

장진호 長津湖 전투

미 해병대의 장진호 전투는 제2차세계대전 때 스탈린그라드전투와 함께 세계 2대 동계전투로 유명하다. 장진호전투는 미국 전사戰史에서 가장 처절한 전투로 꼽힌다.

이 전투는 미 제10군단 예하 미 제1해병사단이 중공군 제9병단 예하 7개 사단규모가 포위망을 형성한 장진호 계곡을 벗어나기 위해 1950년 11월 27일부터 12월 11일까지 2주간에 걸쳐 전개한 철수작전이다.

미 제1해병사단은 유엔군의 북진때 원산항으로 상륙하여 서부전선에서 북상중인 미 제8군과 접촉을 유지하려고 장진호 계곡을 따라 강계방면으로 전진하던 중 장진군 서한면 유담리 · 신흥리 일대에서 중공군 7개사단으로부터 포위, 공격을 받았다.

이 지역은 높이 2,000m 이상의 높은 산들이 남북으로 뻗어 낭림산맥을 이루고 있고, 흥남으로 이어지는 계곡은 깊은 협곡을 이루고 있어 철수작전을 어렵게 하였다.

고토리에서 철수준비를 마친 제1해병사단은 12월 8일 08시, 황초령을 향해 철수를 시작했다. 이들에게 주어진 첫 번째 관문은 수문교 통과였다. 이 수문교는 약 1,500 피트의 계곡을 연결하는 교량으로, 이 교량이 복구되지 않을 경우 미 제1해병사단은 차량 · 전차 · 야포 등 각종 전투 장비를 버리고 후퇴하여야 할 처지였다. 이를 복구하기 위해서는 최소한 M-2 임시교량 경간목 4개가 필요하였다. 극동 공군 전투공수사령부는 12월 7일 C-119 수송기 8대에 G-5 낙하산 2개를 부착한 경간목을 800피트 상공에서 공중 투하하였다. 그중 한 개는 중공군 지역에 떨어졌고, 1개는 파손되었으나 나머지 6개는 안전하게 투하되었다. 사단의 공병대대는 12월 9일 15시경, 항공기로 수송된 장간조립교를 파괴된 수문교에 설치했다. 그리고 밤을 이용해 병력과 차량들이 유도병의 안내를 받으며 통과했다.

이 철수작전의 성공은 결과적으로 청천강일대에서 수세에 빠져 있는 미 제8군의 철수를 가능하게 하였으며, 또한 중공군의 함흥지역 진출을 2주간 지연시켜 국군과 미군의 흥남철수를 성공시킬 수 있게 하였다. 그러나 이 철수작전에서 미군은 6,532명의 병력 손실을 입었다.

미군이 장진호에서 빠져나올 수 있는 유일한 출구(파괴된 수문교).

공군 C-119 수송기가 이동식 다리를 투하, 병사들과 장비를 안전하게 철수시킬 수 있었다.

사진 미국 공군

흥남철수작전

    미 해병대와 제7보병사단의 남은 병력은 약간의 피해만을 입은 채 흥남 항구에 집결했다. 알몬드 장군은 제10군단 잔존병력이 일사불란하게 철수할 수 있도록 제3보병사단에 방어선 구축 명령을 내렸다. 그리고 병력 철수 임무는 나에게 맡겨졌다.

    미 제3보병사단이 산발적으로 기습공격을 시도했던 중공군을 잘 막아냄으로써 철수 작전은 원활하게 진행되었다.
    경계선을 방어했던 미 제3보병사단이 철수를 완료한 후에도 나는 항구 폭파를 감독하기 위해 남아 있었다. 우리는 운반할 필요가 없는 보급

흥남 항구의 파괴

로우니 콜렉션

북한 피난민들로 가득찬 메러디스 빅토리호

사진 미 해군

흥남철수 후 폭파되는 부두

품들을 모두 파괴하고, 귀중한 보급품을 중공군에게 넘기지 말라는 지시를 받았다. 모든 병력과 대부분의 보급품을 철수시킨 후에 우리는 흥남 항구의 주요 부두에 수백 톤의 다이너마이트를 설치했다. 그리고 다이너마이트가 폭발했을 때, 항구는 밝은 불빛과 짙은 연기에 휩싸였다.

한편 한반도의 서부전선에서 중공군이 대규모 공격을 시작한 직후, 워커 장군은 다시 38도선으로 철수하기 위한 엄호작전을 수행했다. UN 군의 일원으로 참전한 터키 여단의 용감한 전투 덕분에 이 작전은 성공했다. 그러나 크리스마스 이틀 전 비극적인 일이 발생했다. 워커 장군은 당시 서울의 북쪽에 있던 부대를 시찰하고 있었다. 그때 그의 운전병이 북쪽으로 향하던 호송대를 추월하려다가 반대편에서 오던 한국군 트럭과 정면으로 마주쳤다. 운전병이 빠르게 방향을 틀지 못해 워커 장군을 태운 지프차는 트럭과 충돌했고 이로 인해 워커 장군은 목숨을 잃었다.

동해안에서 우리가 보급품을 철수하고 있는 동안 해병대 대령인 포니가 내게 긴급한 요청을 했다. 그는 인도주의적 차원에서 100,000명의 북한 주민들을 대피시키고 싶어 했다. 미국에서 교육을 받은 한국인 의사 현봉학이 제안한 아이디어였다. 나는 포니 대령을 잘 알고 있었는데 알몬드 장군의 부군단장인 루프너 장군은 항상 우리 두 사람을 혼동했다. 나는 부군단장의 그런 혼동으로 덕을 보았다. 예컨대 포니 대령이 일을 잘 수행했을 때 루프너는 나를 포니 대령으로 알고 칭찬했고, 내가 일을 그르쳤을 경우에는 반대로 나를 포니 대령으로 알고 그를 비난했다. 이처럼 그가 잘 한 일에 대해서 내가 칭찬을 받았기 때문에 나는 그

미군의 도움으로 피난 길에 오른 북한 주민들

사진 미 해군

에게 마음의 빚을 지고 있었다. 당시 북한주민들은 영하의 날씨 속에서 며칠씩 줄을 선 채 기다리고 있었고, 북한을 떠나는 배에 탑승해 공산주의자들로부터 목숨을 구하고자 했다. 우리는 알몬드 장군과 함께 이 문제를 논의했고 결국 그의 동의를 얻었다.

1950년 크리스마스 이브에 우리는 '크리스마스 카고 작전'을 통해 북한 주민들을 배 안 여기저기에 탑승시켰다. 말 그대로 배 안에서 찾을 수 있는 모든 공간에 이들이 들어갈 수 있게 해주었고, 우리는 98,000명을 태울 수 있었다. 그리고 36시간 동안 배를 타고 부산으로 이동하는 도중에 2명이 목숨을 잃었고 대신 2명의 아이[15]가 태어났다.

나는 수송선에 들어가는 모든 물품들의 수송을 감독했다. 한 배에 두 명의 병사가 운전하는 수륙양용 주정 12척이 지휘함인 U.S.S 마운트매킨리 함으로 마지막 물품을 수송했다.

나는 무전병, 지프 운전병과 함께 마지막 주정을 타려고 대기하고 있었다. 그러나 어이없게도 그 보트는 해안으로부터 약 100야드(약 90m) 거리에서 갑자기 폭발했다. 내 추측으로는 승조원 중 한명이 버린 꽁초가 화약에 떨어져 폭발한 것으로 보였다. 이 보트는 몇 분 만에 승조원들과

---

15 1950년 흥남철수 시 매러디스 빅토리호에서 태어난 아이들은 실제 5명임. 이 아이들은 미국선원들이 한국의 상징인 김치를 떠올려 김치1~김치5로 불렀다. 빅토리호 승무원들은 1958, 1960년 대한민국 정부와 미국 정부로부터 표창을 수상하였다.

남쪽으로 피난 가는 북한 주민들

사진 월터 칼무스, 미군

흥남 항구가 폭파되는 광경을 지켜보는 미군 장교들과 에드워드 L. 로우니

사진 로우니 콜렉션

함께 물 속으로 가라앉았다. 우리는 U.S.S 마운트매킨리 함이 수평선 너머로 사라지는 모습을 바라보면서 절망감에 빠졌다.

나는 두 명의 부하와 함께 해안에 버려졌다. 두 병사는 카빈 소총을 가지고 있었고 나는 권총 한 자루만을 가지고 있었다. 우리는 다가오는 중공군에게 언제 흰 셔츠를 벗어 항복 신호를 보내야 할 지 알 수 없었다. 무전병은 무전기로 도움을 요청하려고 했지만 작동되지 않았다.

다행히도 우리는 지나가는 미군 비행기를 발견했다. 지프 운전병은 해안에 버려진 여러 통의 전지분유를 찾아내어 인근 비행장의 검은색 아스팔트 위에 큰 글씨로 SOS-USA라고 썼다. 그러자 우리의 신호를 확인한 조종사가 용감하게 비행장으로 내려와 우리를 구출해 주었다.

다가오던 중공군은 비행기에 올라타는 우리를 향해 사격했지만 다행히 빗나갔다. 내가 탑승할 배의 함장인 도일 제독은 침몰한 보트와 함께 우리도 물 속에 가라앉았을 것으로 생각하고 그대로 출발했다고 나중에 나에게 말했다. 물론 당시에 나는 죽지 않고 살아 있었다.

두 시간 후 나는 도쿄 인근의 다치카와 공군기지에 착륙했다. 착륙하자마자 도쿄에 있는 집에 갔을 때 아내가 나를 보자 깜짝 놀란 표정을 지었다. 반면, 아이들은 산타 클로스가 너무 일찍 찾아왔다고 말하면서 그다지 놀라지 않았다. 우리 식구들은 함께 온 무전병과 운전병을 저녁 식사에 초대해 칠면조 고기를 먹었다. 그리고 다음 날 아침, 아무 일도 없었다는 듯이 우리는 크리스마스 선물을 개봉했다.

정오쯤에 나는 알몬드 장군으로부터 메시지를 받았다. 알몬드 장군은 다치카와에서 온 조종사로부터 내가 살아 있고 현재 도쿄에 있다는 소식을 전해 들었다. 그의 메시지는 알몬드 장군 특유의 간결한 표현으로 되어 있었다.

"자네가 돌아와서 매우 기쁘네. 12월 27일에 제10군단 사령부로 복귀하게."

기쁨도 잠시 뿐이었다. 이틀 후 나는 다치카와에서 비행기를 타고 제10군단 사령부에 도착했다.

참모장인 루프너 장군이 나를 반갑게 맞아 주면서 "포니, 자네가 살아서 다시 돌아오다니 매우 기쁘네"라고 말했다.
나는 루프너 장군에게 왜 나와 포니 대령을 계속 혼동하는지 궁금하다고 말했다. 루프너는 반짝이는 눈으로 나를 쳐다보면서 말했다. "포니, 아주 잘 해 내었네." 정말이지 그다운 말이었다.

사진 미 국립기록 관리처

우드 장군의 평가

    서울 수복에서부터 흥남철수작전까지 3개월 동안 나는 시간이 있을 때마다 우드 장군과 서신을 교환했다. 우드 장군은 자신이 도시 계획에 소질이 있음을 알게 되었고 지금은 감당하기 어려울 정도로 많은 주문을 받고 있다고 했다. 그리고 그는 도시계획실무에서 컨설팅 분야로 전환한 덕분에 건축업자가 아니라 건축가가 될 수 있었고, 육체 노동 대신에 꿈을 꿀 수 있는 기회를 얻었다고 했다. 또한 그는 컨설팅으로 많은 돈을 벌었고 젊은 인재들을 대학에 보낼 수 있는 기금을 마련했다.

    한국에서의 여러 사건들에 대한 우드의 관심은 매우 높았다. 그는 에

이브 링컨 장군이 고집을 부려 38도선 설정에 영향을 준 것에 실망감을 표했다. 우리는 그가 사심私心으로 벌인 그 유일한 실수를 제외하면 최고의 군사작전을 수행했다는 점에 동의했다. 나 역시 그에게 실망감을 느꼈지만 그래도 그의 잘못을 용서할 수 있었다. 39도선으로 설정하면 평양이 UN군의 사정거리 안에 들어가므로, 소련은 39도선 설정에 대해 동의하지 않았을 것이고, 링컨 장군도 그 점을 알고 있었기 때문이다.

우드는 우리가 직면했던 어려움 중 일부는 자신이 충분히 사전에 예측할 수 있었던 것이라고 생각했고, 알몬드 장군의 제10군단이 워커 장군의 제8군에게 배속되었다면 많은 어려움을 피할 수 있었을 것이라고 생각했다. 그리고 그는 맥아더 장군이 알몬드 장군으로부터 직접 보고를 받도록 한 것이 실수라고 주장했다. 그것은 알몬드와 워커 사이에 갈등을 일으켰기 때문이라고 했다. 그러나 나는 그것에 동의하지 않았다. 알몬드 장군의 제10군단이 워커 장군이 지휘하는 제8군 소속이었다면, 알몬드 장군의 공격성은 발휘되지 못했을 것이다. 게다가 맥아더 장군은 워커 장군을 믿지 않았다.

우리가 주고 받은 서신들은 대부분 서울 수복 이후의 정치 상황에 대한 것이었다. 우드 장군은 편지에서 군대에 명확한 지시를 하달하는 것이 대통령의 책임이라고 했다. 나도 그의 의견에 동의하면서 이것이 제대로 지켜졌다면 합동참모본부와 새로 임명된 국방장관이 서로 다른 메시지를 보내 혼란을 일으키는 일은 없었을 거라고 했다. 트루먼 대통령은 난처한 입장에 처했다. CIA는 서울 수복 이후 중공군이 한국전에 개입할 것인지 모르고 있었다. 우리는 국방부의 모순된 지시에 대해 트루먼 대통령은 해명하지 않을 수도 있다고 얘기했다. 트루먼 대통령은 정치적으로는 북한을 재점령하고 싶어했지만 다른 한편으로 중국의 개입을 원하지 않았다. 따라서 이와 같은 모호함에는 정치적 이유가 있었을지도 모른다.

우드는 트루먼 대통령이 웨이크 섬에서 맥아더 장군을 만났을 때 이러한 상황에 대해 설명했을 것이라고 했다. 그때는 몇 주 뒤에 선거가 있었고 미국 대중들은 맥아더 장군의 인천상륙작전 성공에 열광하고 있었다. 이러한 엄청난 인기에 힘입어서 맥아더 장군은 자신이 원하는 일을 할 수 있었다. 따라서 맥아더 장군이 합동참모본부의 명령에 따라 한반도의 '목'에 해당되는 평양 이북으로의 진군을 오직 한국군에게만 허용했다면 무슨 일이 벌어졌을지 추측하는 것은 그리 어렵지 않았다. UN군이 압록강으로 진격했을 때 한국군은 중공군에 의해 거의 전멸당했다. 그리고 실제로 중공군은 UN군이 38선을 넘어섰을 때 이미 전쟁에 개입하기로 결정을 내렸다.

우드 장군은 명확한 지시가 없는 상황에서 맥아더 장군이 북한을 해방시키기 위해 모든 병력을 동원한 것은 옳았다고 생각했다. 그리고 그는 중공군의 공격으로 미 제7기병연대의 병력 중 3분의 2가 괴멸되었을 때 맥아더 장군이 38선에 방어진지를 구축할 수 있도록 조치를 취했어야 했다고 생각했다. 그는 중공군이 북한에 들어온 것을 너무 늦게 깨달은 것이 맥아더 장군의 치명적인 실수라고 했고, 중공군의 상황을 정확

알몬드 장군이 에드워드 L. 로우니(가운데)에게 훈장을 수여하고 있다.

사진 로우니 콜렉션

하게 판단하지 못한 제8군 정보참모인 윌러비 장군에게 책임을 돌렸다. 그러나 그는 최고 사령관은 맥아더 장군이었으므로 최종적 책임은 그에게 있다고 주장했다.

우드 장군은 내가 장진호 방어선 주변지역 내에서 활주로를 건설할 때 스키 왁스를 이용한 점을 칭찬했다. 그는 부상자들을 비행기로 수송함으로써 수백 명의 생명을 구했다고 했다. 또한 다리를 낙하산으로 투하해서 포위된 병력이 장진호에서 무사히 빠져나올 수 있게 한 것에 대해서도 칭찬했다. 우드 장군은 이것이 제41공병연대에서 실시된 자신의 훈련 프로그램 때문에 가능했다고 자찬自讚하기도 했다. 우드 장군이 100,000명의 북한 주민들에 대한 '크리스마스 카고 후송작전'에 대해 언급했을 때는 큰 감동을 받은 것처럼 보였다. 서울 수복부터 흥남철수작전 사이에 일어난 일련의 사건들은 이후 수년 동안 우드 장군과 나와의 주요 대화 소재가 되었다.

An AMERICAN SOLDIER'S SAGA
of the KOREAN WAR

chapter 04

지휘관으로서의 용기

전쟁은 병참이
좌우한다

다시 한국에 돌아왔을 때 놀라운 소식이 나를 기다리고 있었다. 알몬드 장군이 나를 제10군단의 군수책임자로 임명했다는 것이다. 내 전임자 오브리 스미스 대령은 도쿄에서 휴가 중에 살해당했다. 그는 일본인 하녀와 불륜을 저지르다가, 현장을 발견한 아내에 의해 칼에 찔려 사망했다. 나는 알몬드 장군에게 지금까지 해왔던 작전 수행을 계속 하고 싶다고 말했다. 알몬드 장군은 미소를 지으면서 "내가 작전장교 역할까지 직접 수행하는 것을 잘 알고 있지 않나?" 라고 말했다. 나는 예전에 이탈리아에서 알몬드 장군이 마치 체스를 하듯이 부대를 움직이는 모습을 본 적이 있다.

알몬드 장군은 우리가 한반도에서 다시 반격하게 될 것이고 연료, 식량, 탄약 등의 부족이 가장 큰 문제가 될 것이라고 예상했다. 그리고 다음과 같이 말했다. "나폴레옹은 '배가 든든해야 군인들은 행군할 수 있다.'고 말했네. 또한 아이젠하워Dwight D. Eisenhower도 '전쟁의 승패는 병참에 의해서 좌우된다.'라고 말했다네."

12월 23일에 자동차 사고로 사망한 제8군 사령관인 워커 장군의 후임으로 매튜 리지웨이Matthew Ridgway 장군이 임명되었다. 리지웨이 장군은 제2차세계대전에서 혁혁한 공을 세웠다. 그는 노르망디 상륙작전에서 독일군 후방에서 공수작전을 지휘했고, 또한 패튼George Smith Patton Jr 장군에게도 큰 도움을 주었다. 그는 가슴에 수류탄 2개를 착용하고 다녔기 때문에 '철의 가슴Old Iron Tits'으로 널리 알려졌다.

리지웨이 장군의 첫 번째 임무는 미 제8군이 북으로 진격할 수 있는 여력이 있는지 아니면 일본으로 철수해야 하는지를 결정하는 것이었다. 중공군은 대규모 병력을 보유하고 있었지만 그 많은 병력이 실제로 투입될 것인지는 확실하지 않았다. 과연 그대로 머무를 것인가, 아니면 철수할 것인가? 만약 북쪽으로 진격할 수 없다면 이곳에 머무는 것이 도대체 무슨 의미가 있는가?

리지웨이 장군은 제1군단과 제9군단, 제10군단의 군단장들과 이들의 참모들을 어느 학교의 강당에 소집했다. 그와 3명의 군단장들은 무대에 올라갔고 참모들은 관객석에 앉았다.

매슈 리지웨이 장군

제1군단장과 제9군단장은 동일한 메시지를 각자 자신만의 스타일로 전달했다. 이들은 리지웨이 장군에게 제8군이 큰 피해를 입었기 때문에 공격작전을 수행하기 어렵다고 말했다. 이들과 반대 의견을 가졌던 알몬드 장군은 제8군은 패배했음에도 전투에 단련이 되어 있다는 점을 지적했고 38도선까지 밀고 나갈 수 있다고 말했다.

열띤 논쟁을 듣고 있었던 리지웨이 장군은 따로 논의 하기 위해 3명의 군단장들을 무대 뒤 방으로 불러냈다. 다시 무대로 돌아왔을 때 리지웨이 장군은 무대 중앙에 서서 왼손으로는 가슴에 착용한 수류탄을 잡고 오른손은 북쪽을 가리켰다.
"여러분, 이쪽으로 갑시다!"

자신의 지휘관이 올바른 판단을 내렸을 것이라고 믿었던 제1군단과 제9군단 참모들은 큰 충격을 받은 듯 보였다. 한 장교는 "이런 제기랄"이라고 말했고 또 다른 장교는 "그쪽으로는 안 됩니다. 장군님"이라고 중얼거렸다. 그러나 내가 속해 있던 제10군단 참모들은 모두 일어나서 박수를 쳤고, 이에 알몬드 장군은 의기양양해 했다. 이제 그가 원했던 대로, 제8군은 한국에 남아서 공산주의자들과 맞서 싸우게 되었다.

공격준비를 하고 있었던 우리는 1950년 마지막 날 적으로부터 기습공격을 받았으나 중포 포격과 일본으로부터 항공지원을 받아 적의 공격을 막아냈다. 우리의 전투력이 더 강하다고 확신한 리지웨이 장군은 다시 공격준비를 하기 시작했다. 2월 첫 주에 제10군단을 선두에 세운 제

8군은 적군을 몰아내는 데 성공했다. 계속 진격한 우리는 2월 중순에 서울에서 남쪽으로 20마일(30km) 떨어진 수원을 점령했다.

중공군은 북으로부터 병력을 증강한 후에 반격을 감행했다. 미 제2사단에 소속된 3개의 연대 중 하나인 제23연대의 용맹함으로 이 공격을 막아낼 수 있었다. 제23보병연대가 거둔 성공 중 상당 부분은 이 연대에 배속된 프랑스 대대의 역할 때문이었다. 프랑스 대대는 제2차세계대전 때 나치에 맞서 싸웠던 지원병들로 구성되어 있었다. 프랑스 대대의 지휘관은 대대의 지휘를 맡기 위해 자발적으로 자신의 계급을 중령으로 낮춘 랄프 몽클라르Ralph Monclar중장이었다. 비록 제23연대가 성공을 거두긴 했지만, 이로 인해서 많은 사상자가 발생했다.

리지웨이 장군이 제8군의 사기를 크게 높이는 데는 제10군단과 알몬드 장군의 공세적 행동이 큰 역할을 했다. 그리고 2월 말에 다시 사기가 오른 제8군은 일련의 반격을 가하기 시작했고, 마침내 3월 14일에 서울을 재탈환했다.

한편 한국인 징집병으로 이루어진 수천여 명의 카투사의 도움으로 우리는 북으로 진격하기 위한 도로, 다리, 철도, 비행장을 만들었다. 이중에서도 철도는 매우 중요했다. 한국의 도로는 제대로 포장되어 있지 않아서 이용하기가 어려웠다. 수천 마일이 넘는 철도가 재건되어야 했고, 이 공사에는 적군이 장작으로 쓰기 위해 제거했던 많은 침목을 다시 설치하는 작업도 포함됐다. 나는 일본으로부터 기관차와 유개화차를 들여

chapter_04 지휘관으로서의 용기 161

와 철도수송을 재개했다. 또한 나는 비행기로 필요한 보급품을 수송할 수 있도록 한국의 남부지방에 활주로를 건설했다. 연료, 탄약과 같은 보급품에 대한 요구가 증가함에 따라 공군은 하루에 200톤 분량의 물품을 한국으로 수송해야 했다.

3월과 4월 동안 38선을 중심으로 공격과 반격이 이어졌고, 수 차례에 걸쳐 서울을 뺏고 뺏기기를 반복했다. 중공군은 제8군보다 더 많은 병력을 보유하고 있었지만 공군력과 포병지원의 부족으로 힘든 전투를 해야 했다. 이 때문에 중공군의 사상자 수는 4-5배 정도 더 많았다. 중공군은 총공세로 어느 정도 진격을 할 수 있었지만, 후방지원을 더 많이 받은 제8군에 의해 고전을 면치 못했다.

지평리砥平里 전투

지평리는 동서로 놓인 중앙선과 홍천에서 여주로 가는 도로가 교차하는 곳으로, 한강 남쪽에 방어선을 친 아군에겐 전략적으로 중요했다. 지평리의 언저리에는 높이가 100~400m에 이르는 8개 정도의 고지들이 둘러 있어서 지름이 5~6km쯤 되는 사주방어四周防禦진지를 편성하기에 적당했다.

지평리는 1951년 2월 3일부터 미 제2사단 23연대전투단이 지키고 있었으며, 연대장인 폴 프리먼 대령이 지휘하는 이 부대는 23연대를 중심으로 프랑스군 1개 대대, 1유격중대, 37야전포병대대, 503야전포병대대 B포대, 82방공포병대대 B포대, 그리고 2전투공병대대 B중대로 이루어졌으며 총 병력은 5,400명 가량 되었다.

한국전쟁 당시 카투사의 모습

사진 홍종대

당시 전황은 한국군의 전열이 무너지면서, 측면을 위협받은 미군 부대들이 서둘러 물러났다. 전선이 남쪽으로 물러나자, 지평리 지역은 전선의 돌출부가 되었고, 이곳으로 많은 중공군이 모여들어, 23연대전투단은 압도적인 중공군에게 포위될 상황이 되었다. 그들을 구원하기 위해 파견된 부대들은 중공군에게 막혀서 지평리에 접근조차 할 수 없었다.

2월 12일부터 연대장 프리먼 대령은 2사단장 닉 러프너 소장에게 철수 허가를 요청했다. 그러나 리지웨이 장군이 철수를 허락하지 않았다.

리지웨이 장군이 철수를 허락하지 않는 데는 두 가지 이유가 있었다. 하나는 지평리가 한강 남안南岸의 방어선을 유지하는 데 매우 중요하다는 사실이다. 맥아더 원수는 2월 11일 한강 남안의 방어선을 지킬 수 있으리라고 워싱턴에 보고했고, 리지웨이 장군은 맥아더 원수에게 그렇게 하겠다고 약속을 했다. 다른 하나는 그가 지평리 사수 작전을 중공군의 우세한 병력에 미군의 우세한 화력으로 맞선다는 자신의 전략을 테스트하려고 했다.

결과적으로 이 전투에서 중공군은 큰 손실을 입었다. 미군이 추산한 중공군의 손실은 4,946명이며, 23연대전투단의 손실은 전사자 52명, 전상자 259명, 실종자 42명이었다.

지평리 전투는 그리 크지 않은 싸움이었지만 그 싸움의 영향은 컸다. 지평리 전투에서의 승리는 아군에게 잃어버린 자신감을 되찾아주었다. 적진 속에 고립된 작은 부대가 몇 배나 되는 중공군의 공격을 막아내면서 큰 전과를 올린 이 전투는 중공군이 맞설 수 없을 만큼 강한 군대가 아니라는 사실을 아군 지휘관들과 병사들에게 일깨워주었다.

지평리 전투는, 중공군을 상대로 한 유엔군의 첫 승리로 2차 반격 작전의 발판을 마련하는 계기가 되었고, 세계 전쟁사에 이름을 올렸다.

미 제2사단

1917년 창설된 미 제2사단은 미 본토보다 한국에 더 오래 주둔했다. 91년의 역사를 지닌 사단은 미 본토에서 40년, 한국에서 47년, 유럽전선에서 4년을 주둔했다.

한국전쟁 때 워싱턴 주 포트루이스에 주둔하고 있던 미 제2사단(9 · 23 · 38연대)은 본토 최초의 증원군으로 차출돼, 1950년 7월 23일 순차적으로 한국전선에 참여하다 8월 24일 사단 전체가 도착하자 낙동강 돌출부(현풍~영산)를 담당하고 있던 미 제24사단과 교대했다.

미 제2사단은 낙동강 전선에서 북한군 2개 사단을 격퇴하고, 인천상륙작전 후에는 미 제9군단에 배속돼 한국의 남서부지역에서 북한군 잔적 소탕과 후방경계임무를 수행했다. 중공군 개입 후 청천강으로 북진, 미 제8군의 크리스마스 공세에 참가했다.

미 제2사단이 군우리 철수과정에서 중공군에게 퇴로가 차단된 채 계곡에서 적의 협공을 받고 엄청난 피해를 입자, 사단 해체가 결정되었으나 미 제2군사령관(밴 플리트 중장)의 변호로 위기를 모면했다. 밴 플리트는 이렇게 말했다. "미 제2사단은 장구하고 영예로운 역사를 지닌 우수한 부대다. 사단을 재편성해 다시 전선에 배치해야 한다."

이후 사단은 수원에서 재편성과 지휘부 쇄신을 통해 새로운 부대로 거듭났고, 프랑스 · 네덜란드군을 배속받아 전력도 증강했다. 이때부터 미 제2사단은 한국전쟁에서 가장 어렵고 중요한 지평리(23연대) · 벙커고지(38연대) · 피의 능선(9연대) · 단장의 능선(23 · 38연대) 전투에 참가해 지상전투 승리의 견인차 역할을 했다.

맥아더 장군의 해임

    1951년 봄, 맥아더 장군은 전쟁이 중국과의 전면전으로 확대되기를 원했다. 그러나 이것은 소련의 참전으로 이어질 수 있고 유럽의 안정을 위협할 수 있었다. 맥아더 장군은 중국을 침공해야 공산주의와의 전쟁에서 승리를 거둘 수 있다고 생각했지만 트루먼 대통령은 이에 동의하지 않았다. 트루먼 대통령에게 있어 최우선 순위는 유럽에서 소련의 위협을 차단하는 것이었고 한국이 38선을 중심으로 분단된 상태로 남는 것에 대해 만족해 했다. 그의 이러한 입장은 미국정부 내각과 국방부 그리고 합동참모본부의 지지를 받았다.

1951년 4월 11일, 한 무전병이 우리에게 곧 중대발표가 있을 예정이라고 알려주었다. 그리고 그 발표를 들었을 때 우리 모두 큰 충격을 받았다. 그 발표는 맥아더 장군의 지휘권이 박탈되었다는 소식이었다. 그는 군대 내에서 많은 존경을 받았기 때문에 대부분의 제8군 장교들은 큰 충격과 슬픔에 빠졌다. 그리고 알몬드 장군도 이 소식을 접하고 크게 낙담했다.

우리는 교전 중이었기 때문에 미국 정부 내에서 맥아더 장군과 트루먼 대통령 간의 갈등이 극에 달했다는 사실을 알지 못했다. 공화당 대표인 조셉 마틴Joseph Martin 의원은 미 의회에서 대통령이 맥아더 장군에게 전쟁에서 승리하는 데 필요한 수단을 거부했다고 비판했다. 그리고 마틴 의원이 공개한 맥아더 장군의 서신은 다음과 같은 말로 끝을 맺고 있었다. "우리는 이겨야 합니다. 그 어떠한 것도 승리를 대체할 수 없습니다." 그러나 한국전쟁의 교착상태를 정착시킬 준비가 되었다고 밝힌 트루먼 대통령에게 이 서신은 그리 달갑지 않았다.

당시 맥아더 장군이 계속 압록강 이북에 대한 공습 승인을 요구했고, 심지어는 국경을 따라서 핵무기를 폭발시켜 방사선 방어막 구축을 고려했다는 것도 우리는 전혀 알지 못했다. 또한 그는 중국 공산당에 의해서 대만으로 쫓겨났던 중국 국민당군을 한국전에 참전시키고자 했다. 이와 같이 맥아더 장군은 승리를 위해서 기꺼이 모든 위험을 감수하고자 했다.

그 당시 정부기록을 보면 맥아더 장군을 해임한 트루먼 대통령의 결정 이면에는 마틴 의원의 비판 이외에도 다른 이유가 있었다는 것을 알 수 있다. 그리고 그것은 공화당 의원들의 분노로 이어지면서 급기야 이들은 대통령에 대한 탄핵을 요구했다. 각료회의에서 애치슨 장관과 마셜 장관 모두 대통령이 맥아더 장군을 해임하는 것 이외에 다른 선택이 없다는 데에 동의했다.

리지웨이 장군이 맥아더 장군의 후임으로 UN군 총사령관에 임명되었고 리지웨이가 맡고 있던 직책은 제2차세계대전의 영웅이었던 제임스 밴 플리트James Alward Van Fleet 장군에게로 넘어갔다. 그리고 리지웨이는 자신의 후임자에게 제8군의 최전선 진지를 철저하게 방어하라는 명령을 내렸다. 3월에 휴전협상이 시작되었지만 그는 아직 초기 단계였던 협상에서 협상력을 높일 수 있도록 밴 플리트 장군에게 전투태세를 유지하도록 지시했다.

국민당군

한국전쟁이 발발하자 대만의 장개석은 군대 파병의 뜻을 비쳤지만 중공군이 한국전에 개입할 것을 우려하여 맥아더 장군과 미 정부는 거절했고, 이승만 대통령도 같은 이유로 그리 달가와 하지 않았다. 하지만 중공군이 개입하고 상황이 바뀌자 맥아더는 대안으로 장개석에게 군대 파병을 요청하려 했다. 하지만 워싱턴은 중공군과 전면전을 우려 이를 승인하지 않았다.

14

캔사스 라인과 지게부대

5월 19일, 리지웨이 장군은 군단장들과 만나서 38선 이북으로의 새로운 공격에 대한 계획 수립을 위해 도쿄사령부에서 비행기를 타고 한국으로 왔다. 제9군단은 한반도의 중간에 위치해 있으며 '철의 삼각지'의 최남단이었던 청천분지 인근의 고지대를 점령하라는 명령을 받았다. 제10군단은 제9군단의 오른쪽에서 공격했고 제1군단은 왼쪽에서 공격했다.

제8군은 맑은 날씨와 항공지원에 힘입어 빠르게 북쪽으로 진격해서 39도선에 다다랐다. 그러나 5월 말에 강한 소나기가 내리면서 더 이상

제1기병사단(보병) 소속의 제8기병대에 제공할 탄약과 식량을 운반하고 있는 한국 인부들

사진 미군

탄약 폐기물 트럭에서 포탄 폐기물을 버리고 있는 한국 인부들
1951년 9월 6일 | **사진** 미군

칼 W. 하워드 중사와 다니엘 웰만 일병이 한국의 지게를 이용, 물품을 운반하고 있는 모습

사진 미군

의 진격은 불가능해졌다. 리지웨이 장군은 밴 플리트 장군에게 '캔사스 라인'Kansas Line 을 따라서 방어진지를 구축하라는 명령을 내렸다. 캔사스 라인은 38도선을 비스듬히 가로지르고 있었기 때문에 서쪽으로는 38도선의 남쪽에, 동쪽으로는 38도선의 북쪽에 위치해 있었다. 그 이후 평화협상이 진행되던 몇 달 동안 캔사스 라인을 따라서 수많은 공방이 이루어졌다.

이 기간 동안에 나는 줄곧 제10군단을 위한 군수지원으로 바쁜 시간을 보내고 있었다. 당시에는 도로가 진흙이라서 보급품을 수송하기가 매우 어려웠다. 우리는 '초기 베어러스Chogi bearers'라고 불린 한국 노동자들을 고용하여, 나무 지게로 70파운드(30kg)정도의 물품을 운반했다. 우리는 진격하면서 보급창을 세웠으며 한 번에 몇 개의 창고를 만들었다. 또한 우리는 일본에서 비행기로 많은 양의 보급품을 들여오고 있었는데 이중 상당 부분은 낙하산으로 투하되었다. 그러나 이것은 바람이 강하게 불 경우 보급품이 여기저기로 흩어질 수 있기 때문에 위험한 방법이었다. 그래서 나는 북쪽으로 가는 도로 위에 15개의 비행장을 세웠다. 낙하산으로 보급품을 투하하는 것보다 화물 수송기로 보급품을 운반하는 것이 더 효율적이었다.

일일 포격 할당량이 2배로 증가하면서 보급품을 수송하는 일은 더욱 어려워졌다. 보병대는 더 많은 포격지원을 환영했지만 탄약을 지속적으로 운반하는 것은 매우 힘든 일이었다.

6월 초, 알몬드 장군은 내게 한국 근무를 1년 더 연장한다면 보병연대 지휘권을 주겠다고 제안했다. 대부분의 연대장들이 제2차세계대전 때 부대를 지휘했기 때문에 알몬드 장군은 이들의 나이가 너무 많아 한국의 험한 지형에서 군대를 지휘하기가 어려울 것이라고 생각했다. 알몬드 장군은 내가 빠르게 진급했으며 대부분의 연대장들보다 더 젊고 힘이 넘친다는 점을 잘 알고 있었다. 그리고 그는 나를 제2보병사단 예하의 제38보병연대인 일명 '마른의 바위Rock of the Marne'연대의 부연대장으로 임명할 것이라고 말했다. 여기서 내가 그의 생각대로 성공적으로 작전을 수행하면 그는 나를 제38보병연대장으로 임명하려고 했다. 당시 재편된 제38보병연대의 연대장은 육군사관학교 1939년도 졸업동기생인 프랭크 밀드렌Frank Mildren 대령이었다. 그는 제2차세계대전 벌지 전투에서 제38보병연대의 제1대대를 지휘하면서 용맹한 모습을 보여주었고 그의 부대는 대통령 부대 표창을 받았다. 부대에게 수여되는 이 표창은 개인에게 수여되는 훈장으로 치면 수훈십자훈장에 해당된다. 밀드렌이 지휘하고 있는 제38연대는 당시에 그가 대대장으로 활동했던 부대가 재편되어 만들어졌다.

밀드렌을 제10군단에 배치한 것은 알몬드 장군이었다. 인천상륙작전 계획이 승인되었을 때 맥아더 장군은 정부에 이 작전이 성공하려면 육군 내 최고의 대령 25명이 필요하다고 말했다. 그는 상륙작전에 참여할 부대가 훈련을 제대로 받지 못한 병사들로 구성되었기 때문에 이를 상쇄해줄 수 있는 뛰어난 지휘관이 필요하다고 주장했다. 밀드렌은 바로 이 25명의 대령 중 한 명이었고 알몬드 장군은 그를 작전참모G-3로 임명했다. 내가 제10군단의 공병여단장이 되었을 때 최고의 장교가 포함된 군단참모진과 함께 일하게 되어 매우 기뻤다.

　밀드렌 대령이 제38보병연대의 연대장직을 맡았을 때 그는 큰 난관에 직면해 있었다. 지난 해 11월에 중공군 5개 사단이 미 제2보병사단을 공격했다. 최선봉에서 이 공격에 맞서 싸운 제38보병연대는 전사 또는 부상으로 전체 병력의 90%를 잃었다. 결과적으로 밀드렌 대령이 지휘하는 재편된 보병연대는 미국에서 새로 보충된 군인들로 이루어졌다. 제38보병연대 군인들 중 군우리 전투에서 생존한 병사들은 신병들에게 자신들의 경험을 들려줌으로써 이들의 사기를 크게 저하시켰다. 밀드렌 대령은 군우리 생존병사들을 소집한 다음 '전쟁 이야기'는 전쟁이 끝난 후에 들려 주라고 명령했다. 뛰어난 리더십을 보여준 그는 자신의 연대를 훌륭한 전투부대로 만들어나갔다.

　한국에 주둔한 대부분의 미 보병연대들과 마찬가지로 제38보병연대도 역시 4개의 대대로 구성되어 있었다.(3개의 미군 대대와 1개의 외국군 대대. 제38보병연대의 경우 네덜란드군 대대가 배속되었다.) 네 번째 대대를 UN군 일원으로 한국전에 참전한 외국군 대대로 충원하고 있는 것은 다른 연대들도 비슷했다. 제2보병사단의 제23보병연대는 앞에서 언급한 대로 프랑스군 대대를 보유하고 있었고, 제9보병연대는 태국군 대대를 보유하고 있었다. 제38보병연대의 네덜란드 군인들은 전세계의 18개 지역에서 온 지원병이었으며 기초군사훈련만을 받았다.

비록 네덜란드 대대는 한국에 도착하기 전에 부대 단위 훈련을 받지는 못했지만 이 대대는 곧 효율적인 전투 부대가 되었다. 1951년 2월 UN군을 공격한 적군은 후퇴하는 한국군 내에 침투하고, 네덜란드 대대에 대해서는 큰 타격을 주었다. 사기가 높았던 네덜란드 대대는 용감하게 싸웠으나 대대장 덴 오우덴 중령을 포함해서 백명 이상의 사상자가 발생했다. 5월에 네덜란드 대대는 또 다시 강력한 중공군의 공격을 받았으며 후임 대대장과 두 명의 중대장이 전사했다. 용맹한 네덜란드 대대는 한국전쟁에서 대통령 부대표창을 두 번 받은 유일한 부대가 되었다.

안개 쌓인
1243고지 점령

알몬드 장군은 7월 중순 한국을 떠난 후에 육군대학 총장으로 부임했다. 이것은 그리 놀라운 일이 아니었다. 인천상륙작전 이후부터 한국에서 근무한 그는 다른 군단장들보다 더 오랜 기간 한국에서 복무했다. 다행히 나는 그의 후임자인 클로비스 바이어스Clovis Byers 중장 밑에서 일했으며 그를 매우 존경했다. 바이어스 중장은 나에게 보병연대 지휘권을 주겠다던 알몬드 장군의 약속을 이행하겠다고 말했다.

7월 말에 리지웨이 장군은 미군의 방어선을 줄이고자 밴 플리트 장군에게 39도선, 즉 한반도에서 말벌의 허리처럼 잘록한 곳으로 진격하라고 명령했다. 방어선이 단축되면 그만큼 병력이 적게 필요하지만, 밴 플리트 장군은 이 방어선을 위해 우리가 희생할 만큼 가치가 있는 것은 아니라고 주장했다. 그러자 리지웨이 장군은 공격을 취소하는 데 동의했다. 그 이후 휴전협상이 진행되던 몇 개월 동안 전투는 캔사스 라인의 능선 주변에 있는 방어진지를 강화하는 것으로 한정되었다. 이중에서 가장 유명한 두 개의 고지는 '피의 능선'과 '단장의 능선'으로 이 지역에서 가장 높은 지대였고 중공군이 점령했던 일련의 능선의 일부로 길이가 수 마일에 달했다.

9월이 가까워지면서 우리는 공격의 강도를 높이라는 명령을 받았다. 밀드렌은 자신은 휴식이 필요하다며 나에게 전투를 계획하고 수행하도록 했다. 그는 자신이 모든 책임을 지겠다고 말했고 나에게 완전한 자유재량권을 주었다. 부연대장에게 이러한 책무와 기회가 부여되는 것은 매우 이례적인 일이었고, 나는 이에 만족했다. 왜냐하면 지금까지 자신을 너무 혹사시켜 왔던 밀드렌이 원하던 휴식을 취할 수 있기 때문이다.

제2보병사단의 사단장인 로버트 영Robert Young 장군은 밀드렌 대령에게 1243고지를 점령하라고 명령했고, 밀드렌 대령은 이 임무를 나에게 맡겼다. 1243고지는 펀치 볼의 북서쪽에 위치해 있었고 삼면이 산으로 둘러싸인 평평한 지형이었다. 북한군의 화력진지로 사용하는 있는 그곳을 차지하면, 우리도 똑같은 화력을 북한군에게 퍼부을 수 있었다.

하지만 1243고지를 점령하는 것은 결코 쉬운 일이 아니었다. 우리 전차는 그곳의 가파른 경사면을 올라갈 수 없었고 공격을 지원할 야포를 설치할 장소도 찾기 어려웠다. 나는 대규모의 화력 지원을 위해, 1243고지의 정상으로 75mm 로켓포와 4.5인치 박격포를 발사할 수 있게 인근의 낮은 고지 세 곳에 화력기지를 설치하기로 했다. 나는 우선 전차와 야포를 고지 아래에 정지시킨 다음, 전차병과 포병들의 반발에도 불구하고 이제부터는 도보로 이동하라고 지시했다. 그리고 전차병과 포병 1명당 50명씩 한국인 노동자를 배속시켜, 화력기지로 로켓탄과 박격포탄을 나르게 했다. 이와 같이 탄약을 화력기지까지 옮기는 데에만 약 5시간 소요되었고, 돌아오는 데에도 3시간이 걸렸다. 지치고 상처난 발을 쉬게 하기 위해 8시간의 휴식을 취한 후 다시 고지 정상의 화력기지로 운반하는 작업을 재개했다. 우리는 한국 노동자들에게 계속 탄약을 운반하도록 지시했고 2박 3일이 지나자 고지 위에는 거대한 탄약 더미가 쌓였다.

나의 계획은 1243고지에 통상의 6배에 달하는 집중포화를 날리는 것이었다. 포격 이후에는 네덜란드 대대를 선봉에 세운 보병연대가 고지를 향해 진격할 예정인데, 네덜란드 대대에 소속된 1,000여 명의 병사들과 미군 3개 대대 인원을 합쳐 약 4,000여 명의 병력으로 공격할 수 있었다. 우리는 고지를 차지하고 있는 북한군 병력을 약 1,000명에서 2,000명 사이가 될 것으로 추정했다.

포격은 1951년 9월 3일 새벽에 시작될 예정이었지만 짙은 안개로 인해 오전 10시로 연기했다. 이에 대해 영 장군은 탐탁지 않아했다. 10시가 되어도 여전히 고지의 안개가 걷히지 않자 나는 공격을 한 시간 더 연기했다. 11시가 되었을 때, 영 장군은 고지를 점령했냐고 물었고, 나는 그에게 상황을 설명했다. 그는 이렇게 말했다.

"젠장. 우리는 이 고지가 필요하네. 낮은 능선에 있는 병사들이 피해를 입고 있단 말야. 지금 당장 1243고지를 공격하게."

그러나 여전히 안개가 짙었기 때문에 나는 공격시간을 정오로 또 연기했다. 이에 대해 영 장군은 더욱 화를 냈다.
"다시 말하겠네. 지금 당장 공격을 시작하게. 그렇지 않으면 자네의 지휘권을 박탈하겠네."

정오가 되기 직전 드디어 안개가 걷히기 시작했다. 나는 화력기지에 박격포와 로켓포를 발사하도록 명령했다. 포격은 일반적인 포격보다 3배 정도 더 오래 지속되었다. 고지의 정상은 말 그대로 강철로 뒤덮였다. 우리의 집중포격으로 불안감을 느낀 북한군은 자신들의 방어진지로 더욱 깊숙이 숨어 들어갔다. 네덜란드 대대는 한 번에 50m씩 전진하며, 각각의 포격이 종료된 지점의 가장자리까지 다가섰다. 우리 군대가 정상에서부터 100m 지점에 있었을 때 나는 세 곳의 화력기지에 마지막으로 5분 더 포격을 가하도록 지시했다. 그리고 직접 공격을 이끌었던 네덜란드 대대의 부대대장인 요한 크리스티안손 Johan Christianson 소령에게는 포격이 종료되면 즉시 고지의 정상으로 돌격하라고 말했다.

관측용 경비행기를 타고 상황을 보던 내 눈에 네덜란드 대대 일부 병력이 고지의 정상을 향해 달려가는 모습이 들어오자 나는 경악하지 않을 수 없었다. 마지막 포격이 종료되려면 아직 2분이나 남았기 때문이다. 나는 즉시 포격을 중지하라고 명령했지만 때는 너무 늦었다. 나는 12명의 네덜란드 병사들이 쓰러지는 모습을 보았다. 이들이 적군의 사격으로 쓰러진 것인지 아니면 아군의 포격으로 쓰러진 것인지 알 수 없었지만, 후자 쪽일 거라고 생각했다. 아무튼 네덜란드 군인들은 우리가 발사한 포격 속으로 뛰어들었고 신속하게 고지를 점령했다.

공격이 성공했다는 것을 알고 나는 조종사에게 고지 아래로 내려달라고 말했다. 그리고 고지 아래에서 헬리콥터를 타고 다시 고지의 정상으로 향했다. 여기에서 나는 북한군이 입은 피해상황을 살펴보았다. 북한군은 수백여 명이 전사하거나 부상을 입은 반면에 우리 쪽의 부상자 수는 많지 않았고 사망자는 없었다. 북한군은 포격을 피하기 위해 급히 서두르다가 부상자들을 남겨두고 도주했다. 나중에 이들은 차라리 포로로 잡혀서 다행이라고 말했다. 우리의 의료수준이 그들이 예상했던 것보다 훨씬 좋았기 때문이었다. 나는 크리스티안손 소령에게 임무를 훌륭히 수행한 것에 대해 치하했고 마지막 포격시간의 착오로 부상을 입은 병사들에 대해 사과했다. 그러자 그는 이렇게 말했다.

"착오는 없었습니다. 제가 일부러 병사들에게 2분 더 빨리 진격하라고 명령했습니다. 네덜란드군에서는 지원포격에 가깝게 다가서도록 가르칩니다. 즉 아군의 포격으로 인해서 아군 병사 중에 첫 사상자가 발생할 때까지 포격은 중지되지 말아야 합니다. 그리고 이것은 결과적으로 전체 사상자 수를 줄여줄 수 있습니다."

깜짝 놀란 나는 크리스티안손 소령에게 이 이야기를 다른 사람에게 말하지 말라고 요청했다. 아군의 포격에 의해서 사상자가 발생했다는 것이 알려질 경우 내 지휘권은 박탈될 것이기 때문이다.

나는 작전의 성공적 수행을 축하하기 위해 깜짝 파티를 준비했다. 헬리콥터로 요리사를 한 명 데리고 온 터였고 작전의 성공을 예감한 후 이 요리사에게 간단한 파티를 준비하도록 했다. 병사들은 프라이드 치킨과 으깬 감자, 옥수수, 그리고 맥주와 콜라로 포식을 했다. 공산당들의 소굴이었던 그곳은 순식간에 파티가 벌어진 미국의 어느 동네로 바뀌었다.

잠시 후 영 장군이 헬리콥터로 고지의 정상에 도착했다. 그는 부상자 수가 적다는 사실과 병사들이 파티를 즐기고 있는 모습을 보고 크게 기뻐했으며 작전 성공을 축하해 주었다. 그는 이렇게 말했다. "여러분들은 모두 훌륭한 병사들이네. 1243고지를 탈환함으로써 이제 아래 능선에 있는 우리 부대들이 임무를 더 쉽게 수행할 수 있게 되었네."

작전은 믿기지 않을 정도로 대성공이었고, 나는 이 작전을 내 군 경력의 정점頂点이었다고 생각한다. 북한군은 200여 명이 전사했고 600여 명이 부상을 당했지만 우리 쪽은 부상자가 20여 명 정도에 불과했고 사망자는 단 1명도 없었다.

chapter_04 지휘관으로서의 용기 183

1243고지를 탈환한 후에 나는 부연대장 직책으로 돌아왔다. 밀드렌 대령은 또 다시 연대 군수지원 업무를 나에게 맡겼고, 자신의 모든 에너지를 연대 지휘에 쏟아 부었다. 나의 군수 업무는 가끔은 평범하고 지루하지만 탄약과 가솔린, 식량 등을 연대에 공급하는 것은 이전에 내가 군단의 군수참모였을 때만큼이나 중요했다. 한국에서의 군수지원은 때때로 전술보다 더 우선시 되었다. 왜냐하면 보급품에 대한 공급(그리고 험한 지형에서 보급품을 수송할 수 있는 능력)은 가능한 작전과 불가능한 작전을 결정해 주기 때문이다.

피의 능선

피의 능선稜線이란 ≪Star and Stripes≫지가 지은 이름으로 3개의 고지 즉, 983고지 · 940고지 · 773고지와 연결된 산맥으로 이루어진 능선을 말한다.

피의 능선전투는 국군과 유엔군이 캔사스-와이오밍 선으로 진출한 후, 주 저항선 전방의 전초기지 확보를 위해 제한된 공격작전을 실시하고 있을 때, 미 제2사단과 국군 제5사단 제36연대가 양구 북방의 피의 능선을 공격하여 북한군 제12사단과 제24사단을 격퇴하고 목표를 점령한 전투다.

피의 능선에 대한 공격은 1951년 8월 17일 아침 한국군의 공격으로 시작되었고, 8월 25일 10여 일의 공격으로 능선을 점령했으나 다음날에 다시 빼앗기고 말았다. 이때 한국군 제36연대는 1,000명 이상의 사상자가 났다.

그 뒤 미군은 제24사단의 4개 포병대대, 중형포 2개 대대, 1개의 105㎜ 대대 , 2개의 중박격포대대, 2개의 연대 전차중대, 그리고 중형 전차대대 1개 중대 등을 투입하여 피의 능선에 공격을 감행했다. 8월 27일, 940고지에 있던 미 제9연대 제2대대가 983고지를 공격하였고, 28일에는 제3대대가 동쪽에서 긴 능선을 공격했으나 실패하였다.

30일에는 제1대대 및 제2대대가 북쪽 940고지에 대한 정면 공격을 감행하였으나 능선 정상의 수백 미터 전방까지 진출했다가 적의 사격으로 저지당하고 말았다. 이후 9월 3일까지 제1대대는 포병 및 항공의 지원을 받으며 이 능선을 수 차례에 걸쳐 공격하여 결국 견고히 구축된 적의 방어진지를 점령하였다.

이 전투로 인해 국군과 미군은 1개 연대 규모의 사상자가 발생했으며, 북한군은 1개 사단 규모 이상의 피해를 보았다. 또 북한군은 펀치볼 북쪽 능선으로 물러났으며, 한 · 미 양군은 피의 능선을 장악하여 백석산과 대우산 간의 측방도로를 확보하였다.

단장의 능선

'단장의 능선'은 양구와 인제의 중간에서 남북으로 뻗어 있는 양구 북방 문등리 일대의 연봉들이다.

북한군과 중공군은 1951년 7월 휴전회담이 시작된 이후에도 실세失勢를 되찾으려는 의도에서 협상을 지연시키고 있었다. 이에 UN군은 전쟁을 확대시키지 않는 범위에서 군사적 압력을 가하기로 하고, 그 해 8월 18일부터 일련의 제한적인 목표에 대하여 공격을 시작하였다. 이 공세의 일환으로 미 제2사단은 9월 3일 양구 동북방 '피의 능선'을 빼앗고, 9월 13일부터는 그 북쪽에 있는 '단장의 능선'을 공격하였다.

미 제2사단의 공격 목표는 능선상의 중요 연봉인 894고지 · 931고지 · 851고지였으며, 9월 13일부터 이 3개 고지에 대한 공격을 감행했으나 북한군 제6사단의 완강한 저항으로 번번이 실패하였다.

미군은 방침을 바꾸어 양쪽 계곡의 접근로를 먼저 확보한 다음 이 지역에 전차를 투입하여 북한군의 옆구리에 화력을 퍼붓는 한편, 국군 제7사단은 문등리 계곡의 건너편에서 협동 공격을 하여 3개 고지의 공산군 전투력을 분산시켰다.

거듭된 공격 앞에서 증원마저 불가능하게 된 북한군은 전력이 매우 약화되어 10월에 들어 허물어지기 시작하였다. 10월 13일 UN군은 마지막 목표를 점령하는 데 성공함으로써 전투를 끝냈다.

한 달 동안의 혈전에서 UN군은 3,700여 명의 사상자를 냈으며, 북한군과 중공군의 사상자는 2만 5000여 명에 이를 것으로 추산되었다. 이 능선을 장악하면서 UN군의 추계 공세는 순조롭게 진행되었다.

무장 헬기작전 대성공과 해임통보

　10월 중순, 밀드렌 대령은 나에게 또 한번 작전을 지휘할 수 있는 기회를 주었다. 정보보고서에 따르면, 중공군이 자신들의 최전선에서 후방으로 3마일(5km) 떨어진 고지를 점령하고, 우리의 공격에 대비해서 이 고지를 요새로 만들고 있었다. 나는 밀드렌 대령과 함께 헬리콥터로 수직포위 작전을 수행할 수 있는 지에 대해 논의했다. 다행히도 우리 부대 옆에 위치한 해병 연대가 수송용으로 이용하고 있는 10대의 헬리콥터를 보유하고 있었다. 나는 해병대 연대장에게 '블랙 다이아몬드 갱Black Diamond Gang'이라고 불렸던 참호 안의 중공군을 공격하기 위해 헬리콥터의 지원을 요청했다. 그러자 늘 싸울 준비를 갖추고 있는 대부분의 해병

중부 전선에서 중공군을 생포하고 있는 제1해병사단

1951년 3월 2일 | **사진** 일병. C.T. 웨너 (USMC)

대 사령관처럼 그도 흔쾌히 승낙했다.

　나는 각 대대장들에게 대대별로 100명의 지원자를 모집하라고 했다. 하지만 지원자가 너무 많아서 우리는 이 임무에 적합한 100명의 최정예 요원을 선발했다. 나는 10대의 헬리콥터에 각각 10명씩의 병사들을 배정하는 한편 헬리콥터의 한쪽 문에는 기관총 사수를, 반대쪽 문에는 75mm 로켓포 사수를 배치했으며, 병사들에게 수류탄도 많이 지급해 주었다. 이 작전의 핵심은 헬리콥터를 포복비행해서 목적지에 도달할 때까지 적에게 발각되지 않도록 하는 것이었다. 이 헬리콥터는 공격을 가할 수 있었고, 기습 공격을 당한 적군이 반격을 하기 전에 신속하게 병력을 내릴 수 있었다.

　작전은 계획대로 잘 진행되었다. 지상에 내려온 병사들의 사격과 헬리콥터에서의 짧지만 강력한 공격으로 중공군은 죽거나 부상을 당하거나 도망을 쳤다.

　반면에 우리 측은 부상자나 전사자가 전혀 없었고 헬리콥터도 손상을 입지 않았다. 작전은 대성공이었고 나는 앞으로 연대장이 되면 이같이 성공적인 작전을 자주 수행할 수 있게 되기를 기대했다. 그러나 북한과의 휴전협상이 시작되었고, 공세작전은 중지되었다.

　바로 이 때 사단참모장이 전방을 시찰하다가 큰 부상을 입었다. 영 장군은 미국에서 후임자가 도착할 때까지 나를 임시 참모장에 임명했다.

사단참모장직은 매우 흥미로운 직책이었으며 이를 통해서 나는 사단 내의 모든 부대들이 어떻게 통합되어 있는지 알게 되었다. 또한 이 역할을 맡으면서 나는 로버트 영 장군과 부사단장인 헤이든 보트너Hayden Boatner 준장과 가까워질 수 있는 기회를 얻었다. 그리고 이렇게 쌓은 친분은 이후에 내가 그들 밑에서 일하게 되었을 때 큰 도움이 되었다.

1951년 12월 1일에 밀드렌 대령은 순환근무로 미국으로 떠났고 내가 뒤를 이어 제38보병연대의 연대장직을 맡았다. 그때는 북한과 남한의 경계 지점의 바로 북쪽에 위치한 판문점에서 진지한 휴전협상이 시작되어, 우리는 '전쟁도 평화도 없는' 상황에 처해 있었다. 우리는 정부로부터 공격을 하지 말고 고도의 경계태세만을 유지하라는 지시를 받았다. 영 장군은 정찰활동을 하면서 적의 계획을 파악하고 언제 어디에서 공격을 할 것인지를 알기 위해 포로를 생포해야 한다고 했다. 따라서 적군을 포로로 잡아야 한다는 중압감이 매우 컸다. 그럼에도 우리는 정찰병력을 소대 규모 이하로 유지하라는 명령을 엄격하게 따라야 했다.

새해의 첫 몇 주 동안, 나는 포로를 생포하기 위해 노력했다. 일반적인 전술은 적 1개 분대가 지키고 있는 전초기지를 기습하는 것이었지만 이것은 거의 불가능했다. 중공군은 땅 속에서는 지하 터널로 연결된 벙커에 숨었고, 지상에서는 대포와 박격포의 지원을 받고 있었기 때문이다.

그럼에도 불구하고 영 장군은 적군을 생포해야 한다는 입장을 고수했다. 3월 초 우리 측 정보에 따르면 중공군의 전방진지에서 앞쪽으로

북한군과 중공군 포로, 부산, 한국

1951년 4월 | **사진** 래리 간, 미 국무부

100야드(90m)거리에 있는 고지 정상에 새로운 전초기지가 세워진 것을 확인했다. 나는 이 전초기지에 보병소대를 투입하고 박격포와 대포로 지원하기로 했다. 공격이 시작된 날은 날씨가 매우 추웠다. 그리고 우리가 공격을 시작한 직후에 병사들은 적의 포공격을 받았다. 상황을 파악하러 갔을 때, 소대장은 늘어나는 사상자 때문에 오도 가도 못하는 진퇴양난에 빠져있었다. 병사들은 극한의 추위 속에서 그대로 떨고 있었으며 근처에는 몸을 피할 수 있는 곳도 거의 없었다. 그들은 그 자리에 그대로 얼어 붙어 있는 상태였다.

추운 날씨와 적의 공격으로 소대 전체를 잃게 될 것을 우려한 나는, 더 많은 병력을 이용하기로 결심하고 중대의 나머지 병력을 투입했다. 나는 중대장에게 좌초된 소대는 신경 쓰지말고 임무를 완수하라고 지시했다. 이렇게 함으로써 적군을 생포하는 시도를 재개할 수 있었고, 무엇보다도 위험에 처한 소대를 구할 수 있었다. 이 작전은 성공이었다. 비록 부상을 당한 병사는 있었지만 전사자는 한 명도 없었다. 그리고 부상을 입은 2명의 적군을 생포했다.

다음 날 사단장 대행이던 보트너 장군이 정부로부터 받은 명령을 가지고 나를 찾아왔다. 이 명령은 매우 충격적이었다. 공격작전에서 1개 소대 규모 이상을 투입하지 말라는 명령을 위반했다는 혐의로 내 직위가 해제되었다. 이에 나는 보트너 장군에게 당시에는 선택의 여지가 없었으며, 만약 추가 병력을 투입하지 않았다면 소대가 전멸했을 것이라고 설명했다. 보트너 장군은 내가 적절하게 대처했다고 굳게 믿었다. 그는 직접 상황을 조사한 다음, 나에게 잘못이 없다는 보고서를 워싱턴에 보냈다. 다음 날 보트너 장군은 다음과 같은 메시지를 받았다.

"지시를 따르시오. 1개 이상의 소대를 공격에 투입하지 말라는 명령을 위반한 로우니의 직위를 해제하시오."

이에 대해 보트너 장군이 다시 전보를 보냈다. "만약 누군가를 해임해야 한다면 저를 해임하십시오. 이곳의 지휘관은 바로 접니다."

나는 연대장직을 계속 유지했고 그 이후로 이 사건에 대한 소식을 더 이상 듣지 못했다. 틀림없이 정부는 보트너 장군이 허세 부리는 것이 아니라는 것을 알았을 것이다. 이때 나는 꽤 의기양양해 했다. 이 사건은 나에게 도덕적 용기에 대한 교훈을 주었다.

그 이후 몇 개월 동안은 특별한 일 없이 흘러갔다. 판문점에서 휴전 협상이 진행되는 동안 남과 북 어느 쪽에서도 공격이 없었다. 우리는 여전히 포로를 잡으라는 압력을 받고 있었지만, 3월 초에 일어난 사건 이후로는 그 압력이 줄어들었다. 한편 나는 공병에서 보병 병과로 전과轉科를 요청했다. 나는 이미 전투에서 보병대대와 보병연대를 모두 지휘했었다. 그리고 보병에는 8명의 4성四星장군이 있는 반면에 공병의 최고 직책인 공병단장은 별이 3개인 3성三星 장군이라는 것을 알고 있기에, 내가 장군으로 진급할 수 있는 가능성은 공병보다는 보병이 훨씬 더 높아 보였다. 네덜란드 대대를 이끌었던 크리스티안손 소령이 이것을 증명해 주었다. 용감한 보병 지휘관이었던 크리스티안손 소령은 한국에 주둔할 때 중령으로 진급했고 그 이후에는 네덜란드 육군의 참모총장이 되었다.

내가 보병으로의 전과를 기다릴 때, 군에서는 가급적 많은 영관급 장교들에게 부대 지휘경험을 주려는 취지에서, 나에게 연대 지휘권을 넘기라고 지시했다. 그리고 나는 전과에 대한 결정이 내려질 때까지 임시로 미 극동군사령부FECOM 작전부서에서 근무하라는 지시를 받고 도쿄로 향했다. 마침내 전과 요청이 승인되었고 7월에 나는 가족과 함께 군용 수송기를 타고 샌프란시스코로 갔다. 그리고 나는 신형 포드 스테이션 왜건 승용차를 구해 가족과 함께 포트 베닝으로 향했다. 그곳에서 나는 연대전술처장으로 새로운 업무를 시작했다.

한국에 체류하는 동안 나는 줄곧 우드 장군과 서신을 교환했다. 그는 흥남에서 철수한 제10군단이 제8군에 배속된 것이 잘된 일이라고 했다. 이 때문에 알몬드 장군은 참모장직에서 해임되었고, 지휘체계는 제자리를 찾았다. 그는 제8군이 한국에 남아 북진해야 한다고 리지웨이 장군을 설득한 알몬드 장군을 칭찬했다.

우드는 군수지원이 작전보다 더 중요한 때가 있다는 알몬드 장군의 의견에 동의했고 나에게 제10군단의 군수지원에 대한 책임을 맡긴 것이 매우 현명한 결정이라고 했다. 나폴레옹은 배가 불러야 군대가 행군할 수 있다고 말했지만, 우드 장군과 나는 한국에서 우리 육군이 포화를 뚫고 수적으로 우세한 적군을 향해 진격했음에 동의했다. 또한 우드 장군은 알몬드 장군이 나에게 보병연대장직을 준 것에 대해서도 매우 흡족해 했다. 그는 과거에 제41공병연대가 보병으로도 싸울 수 있도록 훈련을 시켰기 때문에 내가 보병연대를 지휘한 것에 자신도 어느 정도 기여했다고 했다.

그는 트루먼 대통령이 맥아더를 해임한 것이 전적으로 옳았다고 했다. 그는 맥아더 장군이 현명하지 못한 행동은 했지만 군인으로서 큰 업적을 세웠기 때문에 더 나은 대우를 받을 자격이 있으며 트루먼 대통령이 맥아더 장군의 몰락에 대한 만족감을 공공연하게 드러낸 것은 대통령답지 못한 행동이라고 했다.

우드는 1243고지 전투에 대한 나의 계획과 작전수행이 매우 훌륭했으므로 내가 대령으로 진급되어야 했다고 했다. 그러나 아이러니하게도 '단장의 능선' 전투와 '피의 능선' 전투에 참전한 지휘관들이 찬사를 받은 반면에 이들을 구하는 작전을 지휘한 나는 거의 주목을 받지 못했다고 지적했다. 그럼에도 나는 헬리콥터를 전투용으로 이용할 수 있는 기회를 얻었고 우드는 이를 매우 기뻐했다. 그는 나에게 공중기갑 개념을 계속 개발하도록 촉구했다.

우드는 내가 보병 병과로 전과한 것과 보병 학교에서 보직을 받은 것을 매우 기뻐했다. 그는 언제나 나의 기분을 북돋워주었고 내가 앞으로 대장으로 진급해서 육군참모총장이 될 것이라고 격려했다. 내가 미국으로 귀국한 후, 그는 나와 만나서 오랫동안 대화를 나누기를 기대했다.

chapter_04 지휘관으로서의 용기 195

휴전선 확정협의

chapter 05

한국전쟁 그 이후

초대 한미 제1군단장으로
취임하다

1970년 7월 웨스트모어랜드 장군은 약속대로 나를 진급시켜 한미 제1군단장으로 임명했다. 한미 제1군단은 6개의 한국군 사단과 2개의 미군 사단으로 구성되어 있었다. 나의 임무는 한국의 서해안에서부터 중부 산악지대까지 이어지는 방어선의 왼쪽 절반을 맡는 것이었다. 그리고 나머지 동쪽 절반은 한국군이 맡았다. 한국전쟁 때 한국군은 그리 효율적이지 못한 군대였으나 지금은 고도의 훈련을 받은 전투부대가 되었다. 내가 지휘를 맡은 미군 2개 사단(제2사단과 제7사단)도 역시 1급 부대였으며 베트남전에서 어떠한 약점도 보이지 않았다.

한미 제1군단 부군단장인 이재전 소장의 도움으로
에드워드 L. 로우니 군단장이 디자인한 한미제1군단(한국군/미군) 패치, 한국
1군단의 모토는 '피로 맺은 우정'이었다.

1970년 | **사진** 로우니 콜렉션

미 육군은 미군과 한국군 부대를 한미 연합 사령부에 통합한다는 결정을 내렸다. 덕분에 한국에서 나는 매우 흥미로운 시간을 보냈다. 영어를 능숙하게 구사하는 한국 장교인 이재전 소장이 나의 부군단장으로 임명되었다. 그는 한국군과 미군으로 편성된 제1군단의 형성에 중요한 역할을 수행했다. 나는 우리 사령부에서 일하는 한국군들도 미군들과 동일한 숙식을 제공받아야 한다고 국방부에 주장했지만, 미국 정부는 그 비용을 부담할 수 없다고 했다. 이에 이재전 소장은 한국 국방부 장관을 설득해, 한국군들에게 지급되는 금액과 그들이 미군들과 동일한 생활을 하는 데 필요한 금액 간의 차액을 한국 정부가 지불하도록 했다. 이를 통해서 우리는 두개로 분리되지 않고, 하나로 통합된 사령부 내에서 함께 임무를 수행할 수 있었다.

한국 국방부는 영어가 능숙한 한국장교들을 제1군단에 배정, 나의 참모진 절반을 충원해 주었다. 제1군단(한국군/미군) 그룹은 통합 이후에 7개의 한국군 사단과 1개의 미군 사단으로 구성되었다. 그리고 1년 후에 나는 다시 한국을 떠났으나 제1군단이 북한의 어떠한 침공도 물리칠 수 있을 것이라고 확신했다.

한미 제1군단

한미 제1군단(영어: ROK-US I Corps)는 군단(1971년 7월 1일 ~ 1980년 3월 14일)이자 야전군(1980년 3월 14일~ 1992년 7월 1일)으로서 존재했던 대한민국 육군과 미국 육군의 다국적 연합 부대.

미 제7보병 사단이 한반도에서 철수하자, 남아 있는 미 제2보병사단의 전력을 이용하여 대한민국 육군과의 연합지휘체제를 구축하기 위한 목적으로 미 제8군 아래에 창설되었다. 에드워드 L. 로우니 미 제1군단장이 한미 제1 군단장, 이재전 장군이 부군단장에 취임하였다. 1973년, 대한민국 1군단이 편제에 추가되었다. 1980년 3월 14일, "한미 연합 야전군 사령부"(영어: Combined Forces Army; CFA)로 개편되었다. 1992년 7월 1일, 서부전선의 방위를 대한민국 3군으로 이양하고 해체되었다.

한국전쟁 휴전 대표단

(왼쪽에서 오른쪽으로) 알리 A. 버크 해군소장, 로렌스 C. 크레기 소장, 백선엽 소장, C. 터너 조이 제독, 대표단 대표, 리지웨이 장군, 헨리 I. 호즈 소령

1951년 7월 10일 | **사진** 공식 미 해군 사진

맥아더, 마셜,
아이젠하워를 평가하다

　마셜 장군에 대한 마지막 분석을 통해서 우드 장군과 나는 미국 역사상 마셜 장군만큼 조국을 위해 희생한 사람은 찾아보기 어려울 것이라는 데 동의했다. 그러나 미군의 철수 결정에 관한 그의 행동에 대해서는 불편한 감정을 떨칠 수 없었다. 마셜 장군은 어떤 장교라도 명령에 동의하지 못할 경우 자신의 지휘관에게 개인적으로 정중하게 명령에 대해 재고를 요청할 수 있다고 가르쳤다. 이러한 요청이 받아들여지지 않고, 그 명령을 수행하는 것이 국가안보를 위험에 빠뜨릴 수 있다고 믿는다면, 그 자리에서 물러나는 것이 명예로운 일이 될 것이라고 했다. 그리고 장교는 사임한 후에만 그 명령에 동의하지 못한다는 점을 공공연하

조지 C. 마셜 장군

1946년

게 얘기할 수 있다고 했다.

트루먼 대통령은 마셜 장군을 매우 존경했고 마셜 장군의 평판이 매우 좋았기 때문에, 만약 그가 군대를 철수하라는 압력을 받았을 때 사임을 하겠다고 강경한 입장을 취했다면, 아마도 트루먼 대통령은 그 결정을 재고했을 것이다. 만약 미국이 그렇게 빠르게 철수하지 않았다면 한국전쟁은 피할 수 있었을 것이고 공산주의 확산을 차단할 수 있었을 것이며, 냉전도 피할 수도 있었을 것이다.

우드 장군과 나는 여러 가지 중요한 요인들을 고려했을 때 마셜 장군에게 9점 만점에서 1점을 뺀 8점을 주기로 했다. 우리는 마셜 장군과 같이 덕목을 갖춘 사람을 비판하는 것이 매우 어려운 일이기는 하지만 어떠한 인간도 완벽할 수 없다고 생각했다. 결국 마셜 같은 사람도 약점을 지니고 있었다.

한편 우드는 맥아더 장군의 성격을 평가하면서 맥아더 장군이 이타심이 전혀 없으며, 개인적 출세에만 더 치중한 것으로 결론을 내렸다. 그리고 우리는 바로 이러한 결점과 그의 거짓 보고를 통해서 드러난 진실성의 결여 때문에 1점을 감점하기로 했다. 또한 우리는 한국에서 잘못된 정보에 근거해서 중공군 개입 여부를 판단한 점과 트루먼 대통령을 비난한 서신 때문에 다시 1점을 감점했다. 그 외에도 여러 가지 요인들을 신중하게 평가한 끝에 우드와 나는 맥아더 장군에게 9점 만점에 7점을 부여했다.

드와이트 D. 아이젠하워 장군
1945년 2월 1일 | **사진** 미군

유엔기를 인수하고 있는 맥아더 장군

우드와 나는 아이젠하워의 경력을 분석한 후에 그의 의무 불이행과 이타심 부족 때문에 1점을 빼야 한다는 데 동의했다. 또한 우리는 맥카시의 비난에 맞서서 마셜 장군을 지켜주지 못한 그의 판단력과 선의의 부족에 또 다시 1점을 감점했다. 결국 우리는 그에게 9점 중 7점을 주었고 그래서 그는 맥아더 장군과 동점이 되었다.

무장헬기와 베트남전쟁

밴스Cyrus Roberts Vance 육군부 장관은 하우즈 보드 테스트에 깊은 인상을 받았다고 했다. 또한 베트남에서 무장 헬리콥터의 실전 테스트를 고려하고 있다고 나에게 말했다.

밴스는 내게 이 테스트의 책임자로 누구를 염두에 두고 있는지 물었다. 그리고 나는 매우 훌륭한 자격을 갖췄다고 생각되는 사람의 이름을 그에게 말했다.

다음 날 밴스는 내가 추천했던 장군이 아내의 병환으로 이 임무를 거

전투용 헬리콥터를 실험하고 있는 에드워드 L. 로우니(오른쪽).

사진 로우니 콜렉션

절했다고 말했다. 그리고 밴스는 육군참모총장과의 대화 후 나를 베트남에 갈 적임자로 결정했다고 말했다.

하지만 나는 국방부 내에서 많은 지지를 받지 못했다. 육군참모총장인 얼 '버스' 휠러Earle "Bus" Wheeler 장군은 육군 항공부대의 증강을 원하고 있었으나, 다른 참모총장들과의 적대관계를 피하고 싶었기 때문에 베트남으로 무장 헬리콥터를 보내자고 대놓고 주장하지 못했다. 새로 임명된 합참의장인 테일러Taylor는 임기 초기라 역할이나 임무에 관련된 논쟁을 피하고자 했다. 결과적으로 나를 베트남으로 보내는 육군부 장관의 명령은 휠러나 테일러의 승인을 받지 못했다.

베트남으로 향하는 도중에 잠시 머물렀던 하와이에서 나는 인사차 태평양사령부 사령관CINCPAC인 해리 펠트Harry Felt 제독을 방문했다. 그가 나를 보자마자 한 얘기는 내가 이미 알고 있는 것이었다. 즉 육군이 헬리콥터를 무장한다면, 이것은 승인된 역할과 임무를 위반한 것이 될 거라고 했다. 합참의장에게 직접 보고하도록 되어 있는 펠트 제독은 베트남에 주둔한 모든 미군을 지휘하고 있었다. 펠트는 나에 대한 명령이 자신의 상관인 합참의장이 아니라 육군부 장관이 내렸기 때문에, 내가 베트남에 가는 것을 허용할 수 없다고 했다.

펠트 제독은 내가 육군부 장관과 소통하는 것을 차단했지만 그 휘하의 통신책임자는 휴가 요청 메시지를 보내는 것 정도는 아무런 문제가 없다고 생각했다. 이렇게 해서 나는 펠트 제독 몰래 마닐라행 비행기에 탑승했다.

각군 참모총장들은 여러 가지 이유로 베트남에서의 헬기투입작전 ACTIV에 대해 반대했다. 공군참모총장은 육군 헬리콥터를 전투용으로 무장하는 것이 기존의 역할 및 임무를 위반한 것이라면서 완강하게 반대했다. 해군참모총장은 전투용 헬리콥터가 해군 전투기 임무를 위험에 빠뜨릴 수 있다고 우려했다. 육군참모총장인 휠러 장군은 두 가지의 이유로 반대했다.

첫째, 내가 알고 있는 바로는, 휠러의 참모들이 정해진 예산 범위 내에서 헬리콥터를 추가하면 전차의 수를 줄여야 한다고 생각하고 있는 기갑장교들의 통제를 받고 있다는 것이었다. 둘째, 그는 합참의장이 되려는 목표를 갖고 있었고, 공군과 해군에 동의함으로써 자신의 포용력을 보여주고 싶어했다. 게다가 테일러 합참의장도 각군 참모총장들이 합의원칙에 따라 행동했기 때문에 복종을 요구하기가 어려웠다.

하우즈 보드 테스트

미 육군은 한국전쟁기간 동안 무장 헬리콥터의 중요성을 인식하고 부대 창설을 하고자 했으나 실현하지 못했고, 그 가능성만 인정받을 수 있었다. 1960년 하우저 Hamilton H. Howze 장군의 주도로 연구가 이루어지고 보고서 Howze Board가 만들어졌다. 그 보고서에는 야전실험, 기동훈련 들어있으며, 주로 공중 강습사단과 기병여단 창설에 관한 것이었다.

1962년 8월 미 국방장관에게 제출되어 보고서에 대한 연구와 평가 이 작업에 들어갔고, 보고서가 받아들여져 1963년 1월 테스트에 필요한 준비를 허가 받았다. 1964년 10월부터 공중강습 테스트를 성공적으로 마쳤고, 그 평가보고서가 국방장관에게 제출되었다. 베트콩의 적극적인 공세에 밀린 미 국방부는 창설하려고 했던 공중강습사단 대신 1965년 7월 1일 제1공중기병사단을 만들었다.

An AMERICAN SOLDIER'S SAGA
of the KOREAN WAR

chapter 06

한국전쟁에 참전한
미군 명예훈장 수훈자

한국전쟁에 참전한 미군 명예훈장 수훈자

명예훈장The Medal of Honor은 군인에게 주어지는 미국 최고의 무공훈장이다. 이 훈장은 자신의 의무를 초월하여 용감한 행동을 보여준 군인들에게 수여된다. 이 훈장은 보통 미국 국민들에게 그들에 대한 고마움을 나타내기 위해서 백악관에서 대통령이 직접 수여한다. 전사자에 대한 훈장은 가장 가까운 가족에게 수여되고, 이 목록에서는 P자로 표시했다.

1. 육군

스탠리 T. 아담스 병장 ADAMS, STANLEY T.
1951년 2월 4일 한국 세심리에서의 공적으로 수훈. 제19보병연대 소속
아담스 병장은 13명의 소대원들을 이끌고 약 150명의 적에게 착검 돌격을 가했다. 날아오는 총알에 관통상을 입고, 수류탄 폭발로 4번이나 쓰러졌지만 그는 치열한 전투를 벌여 50명 이상의 적을 사살하고, 나머지 적을 후퇴시켰다. 그의 행동에 감동한 전우들은 적의 공격을 완전히 좌절시켜 대대를 위기에서 구했다.

찰스 H. 바커 이등병 BARKER, CHARLES H.
1953년 7월 4일 한국 석고개에서의 공적으로 수훈. 제7보병사단 제17보병연대 K중대 소속.
바커 이등병은 적의 공격 하에서 방어 임무에 자원했고, 적군과 백병전을 벌이는 모습을 마지막으로 실종되었다. 그의 불굴의 용기와 희생으로 인해 정찰대는 임무를 완수하고 아군 전선으로 건제를 유지한 채 복귀할 수 있었다. 그의 행위는 자신의 이름을 영원히 빛나게 했으며, 군대의 가장 찬란한 전통을 지켰다. P

에모리 L. 베넷 일병 BENNETT, EMORY L.
1951년 6월 24일 한국 소방산에서의 공적으로 수훈. 제3보병사단 제15보병연대 B중대 소속
적의 수개 대대가 맹렬히 만세 돌격을 벌이자, 베넷 일병은 망설임 없이 개인호를 떠나 살인적인 적의 포화를 뚫고 사격을 가해 적에게 큰 피해를 입혔다. 후퇴 명령이 떨어지자 그는 철수부대를 위한 후위 임무에 자원하여, 진격해 오는 적들과 싸우다 부상을 입고 전사했다. P

데이빗 B. 블릭 병장 BLEAK, DAVID B.
1952년 6월 14일 한국 미나리골에서의 공적으로 수훈.
제40보병사단 제223보병연대 의무중대 소속.
블릭 병장은 부상병들에게 응급처치를 해 주었으며, 백병전으로 다수의 적을 살상했다. 그는 부상을 당한 후에도 부상병들의 철수를 떠맡아 전우들을 안전지대로 옮겼다. 그는 불굴의 용기와 영웅적인 행위로 스스로의 명예를 크게 높였으며, 동시에 군대의 영예로운 전통을 지키는 데 공헌했다.

넬슨 V. 브리틴 중사 BRITTIN, NELSON V.
1951년 3월 7일 한국 용공리에서의 공적으로 수훈.
제19보병연대 중대 소속.
브리틴 중사는 공격의 선봉에 서서, 적 20명을 사살하고 자동화기 4정을 파괴했다. 그의 분대가 적의 또 다른 공격을 받았을 때, 그는 적의 자동화기를 맞고 전사하였다. 뛰어난 용기와 용맹, 그리고 고귀한 자기 희생으로 그는 중대가 목표를 이룰 수 있게 했으며, 스스로의 명예도 크게 높였다. P

멜빈 L. 브라운 일병 BROWN, MELVIN L.
1950년 9월 4일 가산에서의 공적으로 수훈.
제8전투공병대대 D중대 소속.
브라운 일병은 755고지(일명 월드 시티) 방어전에서, 단신으로 15m 높이의 담장에서 탄약이 모두 떨어질 때까지 적에게 사격을 가하여 진지 방어하다 전사했다. 그는 담장에서 10~12명의 적을 사살했으며, 이 용감한 행위로 그의 소대는 적의 공격을 격퇴하고 진지를 지킬 수 있었다. P

로이드 L. 버크 중위 BURKE, LLOYD L.
1951년 10월 28일 한국 정동에서의 공적으로 수훈.
제1기병사단 제5기병연대 G중대 소속.
버크 중위는 소속 중대의 선도 소부대가 적의 강력한 사격으로 고착되자, 단독으로 돌격해 적의 진지를 괴멸시키고 약 75명에 달하는 적을 사살했다. 그는 부상을 당했음에도 적 박격포 포좌 2개소 및 기관총 진지 1개소를 정확한 사격으로 격파하고, 부하들을 지휘해 후퇴하는 적군 25명을 더 사살하여 임무를 완수했다.

토니 K. 부리스 중사 BURRIS, TONY K.
1951년 10월 8일부터 9일까지 한국 문동리에서의 공적으로 수훈. 제2보병사단 제38보병연대 L중대 소속
부리스 중사는 중대가 적으로부터 강도 높은 사격을 당하자 단신 돌격하여 일부러 자신을 적의 사격에 노출시켜 적의 진지 위치를 알렸고, 이로서 아군은 적 기관총 진지를 격파할 수 있었다. 그는 부상을 당하고도 중대와 함께 다수의 적 진지를 격파하고 적병 다수를 사살했다. 그의 용기에 감동한 전우들은 돌격을 재개해 단장의 능선 전투의 주요 전략 거점이던 605고지를 지켰다. P

코넬리어스 H. 찰튼 병장 CHARLTON, CORNELIUS H.

1951년 6월 2일 한국 지포리에서의 공적으로 수훈. 제25보병사단 제24보병연대 C중대 소속.

찰튼 병장은 지휘자가 후송되자 지휘권을 인계 받아 병사들을 이끌고 잘 방어된 적 진지로 돌격했다. 그는 부상을 당했음에도 단신으로 중공군 진지 2개소를 격파하고 적 6명을 사살했다. 그는 또 다른 포좌를 발견하고, 단신으로 돌격하여 사격을 퍼부어 포좌를 격파하고 적군을 사살했다. P

길버트 G. 콜리어 상병 COLLIER, GILBERT G.

1953년 7월 19일부터 20일 사이 한국 두타연에서의 공적으로 수훈. 제40보병사단 제223보병연대 F중대 소속.

콜리어 상병은 전투정찰대의 부 지휘자를 맡았다. 이 임무 중 그와 지휘자는 18m 높이의 낭떠러지에서 떨어져 부상을 입었으나, 그는 부상당한 지휘자와 함께 남기를 자청했다. 그는 적의 매복에 걸리자 백병전으로 적 2명을 살상했으나 그도 부상을 입고 전사했다. 그러나 그는 절망적인 상황에서도 자신의 안위보다는 지휘자를 구하기 위한 용맹한 행동을 보여주었다. P

존 W. 콜리어 상병 COLLIER, JOHN W.

1950년 9월 19일 한국 신동리에서의 공적으로 수훈. 제27보병연대 C중대 소속.

콜리어 상병은 전략적 중요성이 높은 능선을 지키고 있는 적을 향해 돌격하면서 적 기관총 진지를 격파하고 4명 이상의 적을 죽였다. 그가 돌아왔을 때 그의 분대 한복판으로 적의 수류탄이 날아들어, 그는 수류탄을 덮쳐 몸으로 폭발을 막았다. 이 용맹한 행동으로 그의 전우들이 전사하거나 다치지 않았다. P

사뮤엘 스트레잇 코슨 중위 COURSEN, SAMUEL S.

1950년 10월 12일 한국 개성에서의 공적으로 수훈. 제5기병연대 C중대 소속.

C중대가 174고지를 공격하고 있을 때, 코슨 중위의 소대는 근거리에서 적의 사격을 받았다. 그는 부상당한 전우들을 보호하기 위해 적과 백병전을 벌이다 전사했다. 그의 저돌적이고 용맹한 행동으로 부상병들은 목숨을 건졌고, 진격로를 막던 적의 주력 진지는 격파되었으며, 그의 병사들은 큰 감동을 받았다. P

고든 M. 크레이그 상병 CRAIG, GORDON M.

1950년 9월 10일 한국 가산에서의 공적으로 수훈. 제1기병사단 수색중대 소속.

적이 점령한 전략적 중요도가 높은 고지를 공격하던 중, 크레이그 상병의 중대는 적의 맹렬한 수류탄, 박격포, 소화기 사격을 받았다. 진격하던 전우들에게 적의 수류탄이 날아들자 그는 망설임 없이 수류탄 위로 몸을 던져 폭발을 막았다. 그는 목숨을 잃었으나, 전우들은 맹렬히 공격하여 적 기관총 사수들을 전멸시키고, 중대는 공격을 계속할 수 있었다. P

제리 K. 크럼프 상병 CRUMP, JERRY K.

1951년 9월 6일부터 7일 사이의 조원에서의 공적으로 수훈. 제3보병사단 제7보병연대 L중대 소속.

크럼프 상병의 소대가 수적으로 우세한 적의 공격을 받자 그는 몸을 노출시켜가며 적에게 효과적인 사격을 가해, 기관총을 노획하려던 적 2명을 사살했다. 적이 진지 안으로 수류탄을 던졌을 때, 그는 수류탄 위로 몸을 던져 폭발을 막아 전우들의 목숨을 구했다. 그의 희생과 헌신에 감동받은 전우들은 혼을 담은 반격을 벌여 적을 경계선 밖으로 몰아냈다.

윌리엄 F. 딘 소장 DEAN, WILLIAM F.

1950년 7월 20일부터 21일까지의 대전에서의 공적으로 수훈. 제24보병사단 소속.

딘 소장은 사단을 이끌고 대전을 사수하면서, 은폐 및 엄폐도 없이 적 전차에 육박공격을 벌였다. 대전이 적에게 함락되었을 때, 그는 선도부대와 함께 대전을 탈출하기를 거부하고, 후퇴하는 부대를 재편했으며 부상자들을 안전지대로 옮기는 것을 도왔다. 부하들과 헤어진 그는 부상을 당해 휴전 시까지 포로로 지냈다. 이 시기 전투의 성공에는 그의 영웅적인 지휘, 용기, 부하들에 대한 충실한 헌신이 크게 작용했다.

레지널드 B. 데시데리오 대위 DESIDERIO, REGINALD B.

1950년 11월 27일 한국 입석에서의 공적으로 수훈. 제25보병사단 제27보병연대 E중대 소속.

데시데리오 대위의 중대는 적에 맞서 지휘소를 지키는 임무를 부여 받았다. 대위는 전투 초기에 부상을 당했으나 후송을 거부하고 부하들과 함께 적의 다음 공격에 대비했다. 계속된 전투에서 적이 거점을 돌파하는 데 성공하자 그는 직접 돌격해 다수의 적을 사살했으나 그 자신도 부상을 입고 전사했다. 그가 보여준 용기에 감동받은 부하들은 적의 마지막 공격을 격퇴했다. P

칼 H. 도드 소위 DODD, CARL H.

1951년 1월 30일부터 31일까지 한국 수북에서의 공적으로 수훈. 제24보병사단 제5보병연대 E중대 소속.

도드 중위는 아군의 공격을 여러 차례 격퇴한 바 있는 적의 256 고지를, 단신으로 적 기관총 진지에 돌격해 다수의 적을 살상하고, 적의 집중 사격에도 불구하고 소대의 선봉에 서서 전진했다. 그리고 적들을 전멸시키고 256고지 점령에 성공했다. 그의 뛰어난 지휘능력과 영웅적인 행위에 그의 부하들은 강력한 적의 방어망을 뚫고 목표를 달성했다. P

레이 E. 듀크 중사 DUKE, RAY E.
1951년 4월 26일 한국 무곡에서의 공적으로 수훈. 제24보병사단 제21보병연대 C중대 소속

부하가 고립된 것을 안 듀크 중사는 소부대를 이끌고 용감하게 돌격해 진지를 수복하고 포위된 아군을 구해냈다. 그가 적의 또 다른 공격으로 양다리에 부상을 입었을 때, 괴멸의 위기에 몰린 그의 소대는 후퇴 명령을 받았다. 그는 전우들에게 자신을 버리고 후퇴할 것을 지시했다. 접근해 오는 적에게 맹렬히 사격을 가하는 모습이 그의 마지막이었다. P

주니어 D. 에드워즈 중사 EDWARDS, JUNIOR D.
1951년 1월 2일 한국 창봉리에서의 공적으로 수훈. 제2보병사단 제23보병연대 E중대 소속.

에드워즈 중사의 소대는 전략적으로 중요한 고지 방어를 지원하던 중 적의 공격을 받았다. 그는 직접 적의 포좌로 돌격해 3번의 공격 끝에 적을 몰살시켰다. 세 번째 공격에서 그는 부상을 입고 전사했으나 그의 뛰어난 용기와 임무 수행 덕택에 그의 소대는 강화 진지를 탈환해 지킬 수 있었다. P

존 에세배거 주니어 상병 ESSEBAGGER, JOHN, JR.
1951년 4월 25일 법수동에서의 공적으로 수훈. 제3보병사단 제7보병연대 A중대 소속

에세배거 상병은 제3대대의 후퇴를 엄호하기 위한 지연 작전에 참가, 적의 여러 차례의 공격을 격퇴했다. 하지만 그의 부대는 중과부적으로 후퇴하기 시작했고, 그는 아군의 후퇴를 엄호하기 위한 후위 임무에 자원했다. 그는 혼자서 용감하게 자리를 지키며 적에게 큰 피해를 입혔으나 부상을 당해 전사했다. 그의 활약과 자기 희생으로 아군 분대들이 무사히 안전지대로 후퇴할 수 있었다. P

돈 C. 페이스 주니어 중령 FAITH, DON C., JR.
1950년 11월 27일부터 12월 1일까지 장진호에서의 공적으로 수훈. 제7보병사단 제32보병연대 제1대대 소속.

페이스 중령은 적의 강력한 공격에 직면해 망설임 없이 자신을 적의 포화에 노출시켜 가며 부하들을 지휘했다. 그는 전사할 때까지 5일 동안 부하들을 이끌고 싸웠다. 극도로 위험한 상황에서도 자신의 안전을 돌보지 않은 그의 모습은 부하들에게 큰 감동을 주었다. 또한 그는 솔선수범으로 직접 사격을 가해 적에게 피해를 입혔고 여러 차례 부하들에게 실질적인 도움을 주기도 했다. P

찰스 조지 일병 GEORGE, CHARLES

1952년 11월 30일 한국 송내동에서의 공적으로 수훈. 제45보병사단 제179보병연대 C중대 소속. 미국 원주민.

조지 일병은 심문할 포로를 잡으러 적을 기습하는 부대의 일원이었다. 자신의 부대가 적의 강력한 박격포와 기관총 사격을 당하자, 그는 용감하게 백병전을 벌여 적의 공격을 침묵시켰다. 임무를 완료하고 철수하던 중, 적의 수류탄이 아군 대열 한복판에 떨어지자 그는 망설임 없이 수류탄 위에 몸을 날렸다. 그는 수류탄 폭발로 인한 부상으로 전사했으나, 그의 용기와 자기 희생은 스스로의 명예를 크게 빛내 주었다. P

찰스 L. 길리랜드 일병 GILLILAND, CHARLES L.

1951년 4월 25일 한국 동막리에서의 공적으로 수훈. 제3보병사단 제7보병연대 중대 소속.

수적으로 우세한 적이 길리랜드 일병의 중대 경계선에 조직적인 공격을 가해오자, 그는 적에게 사격을 가해 침입해 오던 적 2명을 사살했다. 그는 머리에 중상을 입었지만, 부대의 후퇴를 엄호하고 적의 접근을 막았다. P

클레어 굿블러드 상병 GOODBLOOD, CLAIR

1951년 4월 24일부터 25일까지 한국 법수동에서의 공적으로 수훈. 제7보병연대 D중대 소속. 미국 원주민.

기관총수였던 굿블러드 상병은 수적으로 우세한 적의 공격을 받아 후퇴하는 자신의 중대를 엄호하는 임무에 자원했다. 그는 기관총 진지에 적의 수류탄이 떨어지자 부사수의 몸을 덮어 그를 수류탄의 폭발로부터 지켰다. 두 사람 모두 부상을 입었지만 그는 치료를 거부하고, 부상당한 동료만 후송할 것을 지시했다. 그리고 전사할 때까지 두려움 없이 혼자서 방어에 임했다. 그의 희생으로 적의 공격은 지연되었고, 그의 부대는 재편되어 강화진지를 탈환할 수 있었다. P

레스터 해몬드 주니어 상병 HAMMOND, LESTER, JR.

1952년 8월 14일, 한국 금화에서의 공적으로 수훈, 제187공정연대전투단 A 중대 소속.

적군에 대한 치명적인 포격을 지휘함. P

멜빈 O. 핸드리치 상사 HANDRICH, MELVIN O.
1950년 8월 25일부터 26일까지 한국 소북산에서의 공적으로 수훈. 제5보병연대 C중대 소속.
중상을 입은 후에도 대피하기를 거부하고 계속 중대의 사격을 지휘함. P

잭 G 핸슨 일병 HANSON, JACK G.
1951년 6월 7일 한국에서의 공적으로 수훈. 제31보병연대 F 중대 소속.
핸슨 일병은 탄약이 떨어진 총과 피가 묻은 칼, 그리고 적군 22명의 시신과 함께 발견됨. P

리 R. 하텔 중위 HARTELL, LEE R.
1951년 8월 27일 한국 고방산리에서의 공적으로 수훈. 제2보병사단 제15야전포병대대 A 포대 소속.
하텔 중위는 위험을 무릅쓰고 아군에게 포격을 멈추지 말라고 무선으로 촉구함. P

레이몬드 하비 대위 HARVEY, RAYMOND
1951년 3월 9일 한국 대미동에서의 공적으로 수훈. 제17보병연대 C중대 소속.
하비 대위는 적군의 진지를 파괴하기 위해 카빈총과 수류탄을 이용해서 5명의 적군을 사살함.

프로데릭 F. 헨리 중위 HENRY, FREDERICK F.
1950년 9월 1일 한국 암동에서의 공적으로 수훈. 제38보병연대 F 중대 소속.
헨리 중위는 남아 있는 모든 무기를 발사해서 50명의 적군에게 사상자를 발생시킨 후에 전사함. P

로돌포 P. 허맨데즈 상병 HERNANDEZ, RODOLFO P.
1951년 5월 31일 한국 원동리에서의 공적으로 수훈. 제187공정연대전투단 G 중대 소속.
허맨데즈 상병은 수류탄, 총검, 총격으로 의식을 잃고 쓰러지기 전까지 적군을 몰아 부쳐서 6명을 사살함.

아이나 H. 잉맨 주니어 상병 INGMAN, EINAR H., JR.
1951년 2월 26일 한국에서의 공적으로 수훈. 제7보병사단 제17보병연대 E중대 소속.
잉맨 주니어 상병은 영웅적인 행동으로 적의 방어망을 무너뜨렸다.

윌리엄 R. 제슬린 병장, JECELIN, WILLIAM R.
1950년 9월 19일 한국에서의 공적으로 수훈. 제25보병사단 제35보병연대 C중대 소속.
제슬린 병장은 수류탄에 몸을 던져서 전우들의 생명을 구했지만 본인은 수류탄 폭발로 전사했다. P

맥 A. 조던 일병 JORDAN, MACK A.
1951년 11월 15일 한국 금송에서의 공적으로 수훈. 제24보병사단 제21보병연대 K중대 소속.
조던 일병은 두 다리가 절단되는 큰 부상을 입었으나 적을 향한 사격을 멈추지 않았다. P

앤서니 T. 카호 오하노하노 일병 Kaho'ohanohano Anthony T.
1951년 9월 1일 한국 주파리 인근에서의 공적으로 수훈. 제7보병사단 제17보병연대 H중대 소속.
카호 오하노하노 일병은 탄약이 떨어졌을 때, 적군과 육탄전을 벌이다 전사했다. p

빌리 G. 카넬 이등병 KANELL, BILLIE G.
1951년 9월 7일 한국 평양에서의 공적으로 수훈. 제25보병사단 제35보병연대 I중대 소속.
카넬 이등병은 2명의 전우를 보호하기 위해 자신의 몸으로 수류탄의 충격을 막아냈다. p

에밀 카펀 신부, 대위 Father Emil Kapaun
1951년 5월 23일 한국에서의 공적으로 수훈. 제8기병연대 제3대대 미 육군 군종병.
카펀 대위는 포로수용소에서 아픈 사람을 위해서 훔친 음식에 대한 논란을 중재했으며 군의 사기를 북돋아 주었다. p

로렌 R. 카프맨 중사 KAUFMAN, LOREN R.
1950년 9월 5일 한국 용산에서의 공적으로 수훈. 제9보병연대 G중대 소속.
카프맨 중사는 적을 지속적으로 공격해서 물리침.

우드로 W. 키블 상사 KEEBLE, WOODROW W.
1951년 10월 20일 한국 상산리에서의 공적으로 수훈. 미국 원주민 명예훈장.
키블 상사는 3개의 적군 기관총 벙커를 파괴했고 적군 7명을 사살했다. p

노아 O. 나이트 일병 KNIGHT, NOAH O.
1951년 11월 24일 한국 고왕산에서의 공적으로 수훈. 제3보병사단 제7보병연대 F중대 소속.
나이트 일병은 폭파공격을 시도한 3개의 적군 부대를 공격하다가 전사함. p

어니스트 R. 쿠마 중사 KOUMA, ERNEST R.
1950년 9월 1일 한국 아곡에서의 공적으로 수훈. 제72전차대대 A중대 소속.
쿠마 중사는 최소한 250명의 적군을 공격하고 사살하기 위해 위험을 감수함.

에드워드 C. 크르지조스키 대위 KRZYZOWSKI, EDWARD C.
1951년 9월 3일 한국 돈돌에서의 공적으로 수훈. 제2보병사단 제9보병연대 B 중대 소속.
크르지조스키 대위는 700고지에 대한 공격을 주도함. 적군 저격수에 의해 전사함. p

다윈 K. 카일 소위 KYLE, DARWIN K.
1951년 2월 16일 한국에서의 공적으로 수훈. 제3보병사단 제7보병연대 K중대 소속.
카일 소위는 적군에 대해 여러 차례 공격을 가함. 적군의 기관단총에 의해 전사함. p

휴버트 L. 리 상사 LEE, HUBERT L.
1951년 2월 1일 한국 이포리에서의 공적으로 수훈. 제2보병사단 제23보병연대 I 중대 소속.
리 상사는 크게 부상을 입었으나 계속 병사들을 이끌고 적과 싸움.

조지 D. 리비 병장 LIBBY, GEORGE D.
1950년 7월 20일 한국 대전에서의 공적으로 수훈. 제24보병사단 제3공병전투대대 C중대 소속.
리비 병장은 적의 사격으로부터 구조용 차량의 운전사를 보호하기 위해 자신의 생명을 희생함. p

찰스 R. 롱 병장 LONG, CHARLES R.
1951년 2월 12일 한국 횡성 인근에서의 공적으로 수훈. 제2보병사단 제38보병연대 M중대 소속.
찰스 롱 병장은 자신의 진지가 포위될 때까지 박격포로 적군을 타격하기 위해 진지를 떠나지 않음. p

윌리엄 F. 라이엘 상병 LYELL, WILLIAM F.
1951년 8월 31일 한국 주파리에서의 공적으로 수훈. 제7보병사단 제17보병연대 F중대 소속.
라이엘 상병은 병사들을 지휘하면서 두려움 없이 적의 사격에 자신을 노출시키다가 전사함. p

베니토 마르티네즈 상병 MARTINEZ, BENITO
1952년 9월 6일 한국 사태리에서의 공적으로 수훈. 제25보병사단 제27보병연대 A중대 소속.
마르티네즈 상병은 적군의 작전을 통해서 구조되기를 거부하고 전사할 때까지 적과 싸움. p

로버트 M. 맥거번 중위 McGOVERN, ROBERT M.
1951년 1월 30일 한국 김양장리에서의 공적으로 수훈. 제1기병사단 제5기병연대 A중대 소속.
맥거번 중위는 적군의 진지를 파괴한 후 기관총 사격으로 전사함. p

리로이 A. 멘돈카 병장 MENDONCA, LEROY A.
1951년 7월 4일 한국 시촌에서의 공적으로 수훈. 제3보병사단 제7보병연대 B 중대 소속.
멘돈카 병장은 적에게 노출된 진지에 남아서 소대의 철수를 엄호하다가 전사함. p

chapter_06 한국전쟁에 참전한 미군 명예훈장 수훈자

루이스 L. 밀렛 대위, MILLETT, LEWIS L.
1951년 2월 7일 한국 소암리에서의 공적으로 수훈. 제27보병연대 E중대 소속.
밀렛 대위는 적군에 대한 총검공격을 지휘함.

히로시 H. 미야무라 상병 MIYAMURA, HIROSHI H.
1951년 4월 25일 한국 대전리에서의 공적으로 수훈. 제3보병사단 소속.
미야무라 상병은 처음에는 명예훈장이 극비사항이었다. 그 이유는 북한군 포로수용소에서 수용되어 있었기 때문이다.

올라 L. 마이즈 수랑리 상사 MIZE, OLA L.
1953년 6월 11일 한국 신의주 압록강 주변에서의 공적으로 수훈. 제3보병사단 제15보병연대 K중대 소속.
수랑리 상사는 적군을 공격하고 부상당한 병사들을 보호하기 위해 자신의 생명의 위험을 감수함.

도널드 R. 모이어 중사 MOYER, DONALD R.
1951년 5월 20일, 한국 서울에서의 공적으로 수훈. 제35보병연대 E중대 소속.
모이어 중사는 수류탄에 몸을 던져서 자신을 희생함. p

조셉 R. 울레트 일병 OUELLETTE, JOSEPH R.
1950년 9월 3일 한국 용산에서의 공적으로 수훈. 제2보병사단 제9보병연대 H중대 소속.
울레트 일병은 수류탄과 탄약을 모으다가 적의 포격으로 전사함. p

존 U.D. 페이지 중령 PAGE, JOHN U. D.
1950년 12월 10일 한국 장진호 전투에서의 공적으로 수훈. 제10군단 포병대 소속.
페이지 중령은 적을 공격하고 후송대를 보호하다가 전사함. p

찰스 F. 펜들튼 상병 PENDLETON, CHARLES F.
1953년 7월 16일부터 7월 17일까지 한국에서의 공적으로 수훈. 제3보병사단 제15보병연대 D중대 소속.
펜들튼 상병은 부상을 입었으나 치료를 거부하고 적과 계속 싸우다가 전사함. p

허버트 K. 필릴라우 일병 PILILAAU, HERBERT K.
1951년 9월 17일 한국에서의 공적으로 수훈. 제2보병사단 제23보병연대 C중대 소속.
필릴라우 일병은 40명 이상의 적군을 물리침. p

존 A. 피트만 병장 PITTMAN, JOHN A.
1950년 11월 26일 한국 구장동에서의 공적으로 수훈. 제2보병사단 제23보병연대 C중대 소속.
피트만 병장은 수류탄에 몸을 던져서 자신의 분대를 보호함.

랄프 E. 포메로이 일병 POMEROY, RALPH E.
1952년 10월 15일 한국 금화에서의 공적으로 수훈. 제7보병사단 제31보병연대 E중대 소속.
포메로이 일병은 치명적인 부상을 입을 때까지 중기관총을 막았다. p

돈 F. 포터 병장 PORTER, DONN F.
1952년 9월 7일 한국 문등리에서의 공적으로 수훈. 제25보병사단 제14보병연대 G중대 소속.
포터 병장은 더 강력한 적군에 맞서 싸우다가 전사함. p

미첼 레드 클라우드 주니어 상병 RED CLOUD, MITCHELL, JR.
1950년 11월 5일 한국 종현에서의 공적으로 수훈. 제24보병사단 소속. 미국 원주민 명예훈장.
클라우드 상병은 심각한 부상을 입은 후에도 계속 적과 싸우다가 전사함. p

조셉 C. 로드리게이즈 일병 RODRIGUEZ, JOSEPH C.
1951년 5월 21일 한국에서의 공적으로 수훈. 제7보병사단 제17보병연대 F중대 소속.
로드리게이즈 일병은 적의 진지와 참호를 파괴하는 데 큰 공을 세움.

로널드 E. 로저 상병 ROSSER, RONALD E.
1952년 1월 12일 한국에서의 공적으로 수훈. 제2보병사단 제38보병연대 중박격포 중대 소속.
로저 상병은 생명의 위험을 무릅쓰고 적을 공격했고 부상당한 병사들을 구출함.

티보 루빈 상병 RUBIN, TIBOR
1950년 7월 23일부터 1953년 4월 20일 사이에 한국에서 벌인 공적으로 수훈. 제1기병사단 제8기병연대 I중대 소속.
부산 경계선 돌파 이후 제8기병연대는 북한 영토로 진격했고, 이 때 루빈 상병은 전우들과 함께 수백 명의 북한군 포로를 잡았다. 1950년 10월 30일 중공군은 북한의 운산에서 그의 부대를 공격했다. 탄약이 바닥날 때까지 30구경 기관총을 쏘는 그의 결연한 방어 덕택에 적의 진격속도는 느려졌고, 아군은 남쪽으로 안전하게 후퇴할 수 있었다. 전투가 격화되면서 그는 중상을 입고 중공군의 포로가 되었다. 그는 고향인 헝가리로 보내 주겠다는 제안을 받았지만, 이를 거부하고 포로수용소에 남았다. 그는 동료 포로들을 위한 식량과 의약품을 얻기 위해 야간에 포로수용소를 몰래 빠져 나오기도 했다.

다니엘 D. 스쿠노버 상병 SCHOONOVER, DAN D.
1953년 7월 8일부터 10일 사이 석고개에서의 공적으로 수훈. 제7보병사단 제13 전투공병대대 A중대 소속

적 진지 공격에 참가한 스쿠노버 상병은 포탄이 적 벙커 지붕에서 작렬하자 용감하게 달려들어 적 보병 2명을 사살하고 1명을 포로로 잡았다. 그는 적의 포화를 뚫고 수류탄을 던지며 적을 사살했다. 그의 용맹한 행동으로 아군은 진격을 계속할 수 있었다. 그는 아군의 사격을 유도하기 위해, 적의 포격에 스스로를 여러 차례 노출시켰다. 그는 자동소총으로 적에게 화력을 퍼붓다가 포탄에 맞아 부상을 당해 전사했다. p

에드워드 R. 스코월터 주니어 중위 SCHOWALTER, EDWARD R., JR.
1952년 10월 14일 한국 금화에서의 공적으로 수훈. 제7보병사단 제31보병연대 A중대 소속.

스코월터 중위는 적의 맹렬한 사격 속에서도 진격의 선봉에 섰다. 그가 목표에 거의 다다랐을 무렵 수류탄 파편에 중상을 입었다. 그러나 그는 치료를 거부하고 부하들을 이끌어 적의 참호선 안으로 돌진, 벙커 안의 적들을 수류탄으로 전멸시켰다. 부상에도 불구하고 그는 적들이 패배할 때까지 계속 부하들에게 명령을 내리고 그들을 독려했다.

리차드 토마스 쉬어 중위 SHEA, RICHARD T., JR.
1953년 7월 6일부터 8일 사이에 한국 석고개에서의 공적으로 수훈. 제7보병사단 제17보병연대 A중대 소속.

토마스 쉬어 중위는 18시간 동안의 격전 중, 부하들과 함께 싸우며 위치를 지키라고 독려했다. 그는 적을 공격하던 중 부상을 입었으나 후송을 거부하고 반격을 계속했다. 돌격 부대가 적의 중기관총 사격으로 고착되자, 그는 직접 적의 기관총 진지에 돌격해 카빈 소총과 수류탄으로 기관총 진지를 무력화시키고 적 3명을 사살했다. 그는 부상을 당했음에도 불구하고 반격을 벌이다가 적과 백병전을 벌이는 모습을 마지막으로 모습을 감추었다. p

윌리엄 S. 시트만 중사 SITMAN, WILLIAM S.
1951년 2월 14일 한국 지평리에서의 공적으로 수훈. 제2보병사단 제23보병연대 M중대 소속

시트만 중사의 부대는 수적으로 우세한 적의 공격에 직면했다. 그의 기관총이 적의 수류탄 공격으로 부서지자 다른 분대가 즉시 새 기관총을 설치했다. 시트만 중사와 그의 부하들은 기관총 사수들을 호위했다. 이때 적이 아군에게 수류탄을 던지자 시트만 중사는 수류탄 위로 몸을 날려 폭발을 막았다. 그는 부상으로 목숨을 잃었지만, 그 덕택에 5명의 전우는 계속 적에게 사격을 가할 수 있었다. p

데이비드 M. 스미스 일병 SMITH, DAVID M.

1950년 9월 1일 한국 용산에서의 공적으로 수훈. 제2보병사단 제9보병연대 E중대 소속.

격전 끝에 그의 분대에 철수 명령이 내려졌다. 이 때 스미스 일병은 자신의 진지에 수류탄이 날아드는 것을 보았다. 그는 전우들에게 소리쳐 위험을 알리고 수류탄을 덮쳐 온몸으로 폭발을 막았다. 그는 이 부상으로 전사했지만, 5명의 전우가 죽거나 중상 입는 것을 막았다. p

클리프튼 T. 스파이커 상병 SPEICHER, CLIFTON T.

1952년 6월 14일 한국 미나리골에서의 공적으로 수훈. 제40보병사단 제223보병연대 F중대 소속.

중요한 고지를 점령하러 공격하던 스파이커 상병은 부상을 당했음에도 불구하고 적의 기관총 진지를 향해 용감하게 돌격했다. 기관총 진지로부터 9m 이내 거리에서 그는 사격을 받고 다시 한번 부상을 입었으나 적의 벙커에 돌입해 2명의 적을 소총으로 사살하고, 1명을 대검으로 죽여 기관총 진지를 침묵시켰다. 그의 용기에 감동한 전우들은 신속하게 진격해 임무를 달성했다. 그는 산자락으로 내려온 후 쓰러져 전사했다. p

제임스 L. 스톤 중위 STONE, JAMES L.

1951년 11월 22일 한국 석고개에서의 공적으로 수훈. 제1기병사단 제8기병연대 E중대 소속.

스톤 중위는 자신의 소대가 압도적인 중공군의 공격을 받자, 적의 사격에 온 몸을 노출시킨 채로 차분히 방어를 지시했다. 그는 적의 제2차 공격 때 부상을 입었고 하나 남은 경기관총을 여기저기 가지고 다니며 진격해 오는 중공군에게 두 방향에서 사격을 퍼부었다. 그의 소대 인원이 크게 줄어 진지가 괴멸 당할 때에도, 의식이 사라질 때까지 부하들을 독려한 그의 목소리는 희미하게나마 계속 들렸다.

루더 H. 스토리 일병 STORY, LUTHER H.

1950년 9월 1일 한국 아곡에서의 공적으로 수훈. 제2보병사단 제9보병연대 A중대 소속.

스토리 일병은 낙동강을 굽어보는 진지에서, 대규모의 적군이 강을 도하하는 것을 보고, 그는 기관총으로 사격을 가해 약 100명의 적을 살상했다. 후퇴 명령이 내려졌을 때, 그는 병력을 싣고 탄약 트레일러를 끌고 있는 적 트럭 1대가 접근하는 것을 보았다. 그는 전우들에게 엄폐하라고 말한 다음, 도로 한복판에 서서 여러 차례 트럭에 수류탄을 던졌다. 부상당한 그는 전우들에게 부담이 되기 싫어 후퇴하는 중대의 후위로 남았고, 적의 공격에 맞서는 모습을 마지막으로 자취를 감추었다. p

제롬 A. 수더트 소위 SUDUT, JEROME A.
1951년 9월 12일 한국 금화에서의 공적으로 수훈. 제25보병사단 제27보병연대 B중대 소속.

수더트 소위는 적의 맹렬한 사격을 무릅쓰고 홀로 적 진지로 돌진해 적 3명을 죽이고 나머지를 물리쳤다. 그는 부상을 당했음에도 근거리에서 가하는 사격을 무릅쓰고 돌진하여, 다른 연결 호를 통해 벙커에 돌아온 적병 다수를 사살했다. 그는 중상을 입고 탄약이 바닥난 상황에서도 적 진지로 뛰어들어 남아있는 적을 백병전용 나이프로 죽였다. 그의 단신 공격에 감동한 전우들은 공격을 계속해 적을 고지에서 몰아내고 임무를 완수했다. p

헨리 스벨라 일병 Svehla, Henry
1952년 6월 12일 한국에서의 공적으로 수훈. 제7보병사단 제32보병연대 F중대 소속.

스벨라 일병은 큰 위험에도 불구하고 주저 없이 수류탄에 몸을 던졌다. p

윌리엄 톰슨 일병 THOMPSON, WILLIAM.
1950년 8월 6일 한국 함안에서의 공적으로 수훈. 제25보병사단 제24보병연대 M중대 소속.

적이 야음을 틈타 기습공격을 해 왔을 때, 톰슨 일병은 기관총으로 적을 소탕하고, 잔적들을 고착시킴으로서 나머지 소대원들이 안전한 곳으로 후퇴할 시간을 벌었다. 그는 수류탄과 소화기에 여러 차례 피격되었음에도 불구하고, 후퇴를 거부하고 기관총을 잡고 자리를 지켰다. 그는 적을 향해 정확하고 강력한 사격을 계속 퍼붓다가 적의 수류탄에 피격되어 전사했다. p

찰스 W. 터너 중사 TURNER, CHARLES W.
1950년 9월 1일 한국 용산에서의 공적으로 수훈. 제2보병사단 제2수색중대 소속.

터너 중사는 분대를 떠나 포화를 뚫고 적의 전차를 향해 달려갔다. 전차에 올라탄 그는 엄폐물이 없는 포탑의 기관총으로 다수의 적병을 사살하고 적 기관총 진지 7개를 격파했다. 그는 부상을 당했음에도 계속 기관총을 쥐고 아군을 독려했다. 그가 탄 전차는 적의 피격으로 50차례나 피격되었다. 그는 적탄에 의해 전사할 때까지 위치를 떠나지 않았다. 그의 영웅적인 행동으로 인해 소대는 후퇴해 또 다른 공격을 벌여 적을 물리칠 수 있었다. p

트래비스 E. 왓킨스 상사 WATKINS, TRAVIS E.
1950년 8월 31일부터 9월 3일 사이에 한국 용산에서의 공적으로 수훈. 제2보병사단 제9보병연대 H중대 소속.
적군의 돌파로 왓킨스의 부대 병력 30명이 고립되자, 그는 부하들을 이끌고 개인 호를 뛰쳐나와 자신을 적의 포화에 노출시키면서 지휘했다. 적이 수류탄을 던지기 시작하자 그는 부상에도 아랑곳없이 소총을 사격, 수류탄을 던진 적을 사살했다. 허리 아래가 마비되었고 지원군이 제 시간에 오지 못할 것 같자 그는 부하들에게 탈출을 지시했다. 그는 가망 없는 몸 때문에 탈출을 거부하고, 그의 소부대가 위치를 이탈할 때까지 약 500명의 적을 사살했다.p

어네스트 E. 웨스트 일병 WEST, ERNEST E.
1952년 10월 12일 한국 사태리에서의 공적으로 수훈. 제25보병사단 제14보병연대 L중대 소속.
적 진지를 찾아 파괴하던 웨스트 일병은 부대 지휘자가 노출된 장소에 쓰러져 있는 것을 보고 전우들에게 후퇴할 것을 지시했다. 그는 적의 맹렬한 포화를 무릅쓰고 지휘자에게 다가가 그를 구조하려 할 때 3명의 적병으로부터 공격을 당했으나 소총으로 그들을 모두 죽이고 지휘자를 안전지대로 옮기는 데 성공한다. 그는 이 전투에서 중상을 입고 한쪽 눈을 잃었으나 부상병을 돕기 위해 포화 속으로 용감하게 다시 뛰어들었다.

벤자민 F. 윌슨 상사 WILSON, BENJAMIN F.
중위(당시는 상사). 1951년 6월 5일 한국 화천면에서의 공적으로 수훈. 제7보병사단 제31보병연대 I중대 소속.
수적으로 압도적인 적이 지키고 있는 감제 고지를 공격해 점령하라는 임무를 받은 윌슨 중위는 용감하게 돌격해 소총을 쏘고 수류탄을 던져 적 진지를 격파하고, 적의 진격을 막았으며 적을 살상했다. 그는 또한 착검 돌격을 지휘해 적의 저항을 줄이고, 약 27명의 적을 죽였다. 적의 반격 시 그는 부상을 당했지만 결연히 단신 돌격으로 많은 적들을 죽였다. 그의 용감한 행위로 인해 전우들은 부대를 재편하고 질서 정연한 후퇴를 할 수 있었다.

리차드 G. 윌슨 일병 WILSON, RICHARD G.

1950년 10월 21일 한국에서의 공적으로 수훈. 제187공수보병연대 의무중대 소속.

윌슨 일병은 적 포화의 위험 속에서도 부상병들을 치료 했다. 후퇴 명령이 내려졌을 때 그는 부상병들을 안전지대로 후송하고, 남은 사람이 없음을 확인했다. 전사했다고 생각했던 전우가 살아서 움직이자 그는 다른 전우들의 만류에도 불구하고 무장도 하지 않고 그 전우를 데려오려고 뛰쳐나갔다. 2일 후, 그는 자신이 구하려 했던 전우 옆에 쓰러져 있었다. 그는 부상병을 보호하고 치료하던 중 여러 발의 총탄을 맞고 전사했다. p

브라이언트 H. 워맥 일병 WOMACK, BRYANT E.

1952년 3월 12일 한국 석소리에서의 공적으로 수훈. 제25보병사단 제14보병연대 의무중대 소속.

의무병이던 워맥 일병은 부상병들 사이를 돌아다니며 치료했지만, 자신의 부상에 대한 치료는 거부했다. 그는 부상병을 치료하던 중 한쪽 팔을 잃었지만, 다른 부상병들의 치료를 위해 최선을 다했다. 그는 주어진 임무를 해낼 수 없게 되었음에도 현장에 남아 다른 사람들에게 응급처치를 지도했다. 마지막 인원이 후퇴하자, 그는 걸어가다가 과다출혈로 쓰러진 후 얼마 못 가 전사했다. p

로버트 H. 영 일병 YOUNG, ROBERT H.

1950년 10월 9일 한국 개성 이북에서의 공적으로 수훈. 제1기병사단 제8기병연대 E중대 소속.

영 일병은 적지에서 선봉에 서서 부상을 당했음에도 불구하고 후송을 거부하고 자리를 지켰다. 그 후에도 여러 번 부상을 입었지만 그는 계속 맹렬히 사격을 가하고 아군 전차의 사격을 유도하며 적을 살상했다. 그는 자신보다는 다른 부상병들을 돌보고, 다른 사람들을 먼저 후송할 것을 요구했다. 그의 행동은 소속 중대의 귀감이 되었다. p

2. 해병대

찰스 G. 아브렐 상병 ABRELL, CHARLES G.
1951년 6월 10일 한국에서의 공적으로 수훈. 제1해병사단 제1해병연대 제2대대 소속.

자원해서 돌격하는 분대의 선봉에 선 아브렐 상병은 이전에 입은 부상에도 불구하고 용감하게 단신으로 적 벙커를 공격하며, 전우들에게 자신을 따라오라고 권했다. 적 진지를 향해 달리던 중 두 번의 부상을 입은 그는 잡고 있던 수류탄의 안전핀을 뺀 다음 수류탄을 든 채로 적 진지에 몸을 던졌다. 수류탄의 폭발로 그는 전사했지만, 동시에 진지에 있던 적들은 몰살당했다. 그의 이러한 행동으로 그의 소대는 목표를 달성할 수 있었다. p

윌리엄 E. 바버 대위 BARBER, WILLIAM E.
1950년 11월 28일부터 12월 2일까지 한국 장진호에서의 공적으로 수훈. 제1해병사단 제7해병연대 제2대대 F중대 소속.

유담리에서 하갈우리 사이를 잇는 유일한 길을 지키던 바버 대위에게 후퇴해서 증원부대와 합류하라는 명령이 내려졌다. 하지만 그는 그곳을 계속 사수하겠다며 허가를 요청했다. 5박 6일 동안 절망적인 전투를 벌인 그와 그의 부대는 영하의 기온 속에서 약 1,000명의 적을 사살했다. 후에 교체부대가 왔을 때, 그의 중대원 220명 중에서 걸어서 진지 밖으로 나올 수 있던 사람은 82명 뿐이었다. 그의 엄청난 용기 덕택에 사단은 장진호 포위를 뚫고 성공리에 철수할 수 있었다.

윌리엄 B. 보 이등병 BAUGH, WILLIAM B.
1950년 11월 29일 고토리–하갈우리에서의 공적으로 수훈. 제1해병사단 제3대대 G중대 소속.

보 이등병은 분대원들과 함께 트럭을 타고, 자동소총과 수류탄으로 맹렬히 공격을 가하는 적을 격퇴할 준비를 하던 중에 적의 수류탄이 트럭 안에 떨어졌다. 그는 전우들에게 위험을 알리고, 몸으로 수류탄의 폭발을 막아 전우들이 죽거나 크게 다치는 것을 막았다. p

헥터 A. 카페라타 주니어 이등병 CAFFERATA, HECTOR A., JR.
1950년 11월 28일 한국 장진호에서의 공적으로 수훈. 제1해병사단 제7해병연대 제2대대 F중대 소속.

카페라타 이등병이 속한 화력 팀은 모두 죽거나 다쳐, 방어선에 구멍이 생겼다. 그 상황에서도 그는 혼자서 소총과 수류탄으로 계속 싸웠다. 그는 방어선을 왔다 갔다 하며 접근하는 적 15명을 사살했으며 다수의 적을 부상 입혔고, 이를 본 적들은 후퇴했다. 부상당한 동료들이 있는 참호에 적의 수류탄이 날아들자, 그는 수류탄을 집어 던지는 순간 수류탄이 폭발해 손가락의 일부가 잘리는 중상을 입었다. 엄청난 통증에도 불구하고 끈질기게 전투를 벌이다가 적 저격수에게 피격당해 후송되었다.

데이비드 B. 샴페인 상병 CHAMPAGNE, DAVID B.
1952년 5월 28일 한국에서의 공적으로 수훈. 제1해병사단 제7해병연대 제1대대 A중대 소속.

적의 후속 반격을 물리치던 중 다리에 부상을 입은 샴페인 상병은 후송을 거부하고 두려움 없이 화력 팀 지휘를 계속했다. 적의 수류탄이 날아오자 그는 망설임 없이 접근하는 적에게 수류탄을 다시 집어 던졌다. 수류탄은 그의 손을 떠난 순간 폭발했고, 그 충격으로 그의 손이 절단되었으며 참호 밖으로 튕겨 날아갔다. 그는 적의 박격포탄을 맞고 전사했지만 동료 해병들의 생명을 구했다. p

스탠리 R. 크리스챤슨 일병 CHRISTIANSON, STANLEY R.
1950년 9월 29일 한국 서울에서의 공적으로 수훈. 제1해병사단 제1해병연대 제2대대 E중대 소속.

크리스챤슨 일병은 적의 공격을 당하자 도망칠 수 없음을 깨닫고 자신의 위치를 지키면서 접근하는 적에게 맹렬히 사격을 가했다. 그는 적의 총에 맞을 때까지 7명을 사살했다. 그는 나머지 소대원들이 제 위치에 갈 시간을 벌었고, 그 덕택에 그의 소대는 측면 방어를 강화하여, 41명의 적을 사살하고 그 이상의 적에게 부상을 입혔으며 3명을 포로로 잡는 등 적의 공격을 물리쳤다. P

헨리 A. 커미스키 시니어 소위 COMMISKEY, HENRY A., SR.
중위(당시는 소위).1950년 9월 20일 한국 영등포에서의 공적으로 수훈. 제1해병사단 제1해병연대 제1대대 C중대 소속.

커미스키 중위는 적에 대한 공격을 지시하며, 공격의 선봉에 서서 급경사를 올랐다. 적의 중기관총과 소화기 사격에도 불구하고 그는 목표 위로 떨어진 최초의 대원이 되었다. 권총으로만 무장하고 있던 그는 목표인 기관총 진지에 있던 적병 4명을 사살했다. 그는 3명을 더 사살하고, 소대를 이끌어 후퇴하는 적을 섬멸했다.

잭 A. 데븐포트 상병 DAVENPORT, JACK A.
1951년 9월 21일 한국 송내동에서의 공적으로 수훈. 제1해병사단 제5해병연대 제3대대 G중대 소속.

데븐포트 상병은 적의 공격에 맞서 자신의 진지를 지키다가, 다른 해병의 개인호에 적의 수류탄이 날아오자 수류탄을 몸을 덮치는 영웅적인 행동을 함으로서 다른 해병들이 죽거나 다치지 않도록 했다. 그의 침착하고도 뛰어난 지휘 능력 덕택에 아군은 적의 공격을 성공리에 격퇴할 수 있었다. p

레이몬드 데이비스 G 중령 DAVIS, RAYMOND G.
1950년 12월 1일부터 4일까지 한국 하갈우리에서의 공적으로 수훈. 제1해병사단 제7해병연대 제1대대 소속.

흥남 항구로 철수 도중 아군 연대들이 빠져나올 수 있는 유일한 통로를 감제할 고지를 확보하기 위해, 데이비스 중령은 대대의 선봉에 서서 적의 치열한 사격을 뚫고 백병전을 벌였다. 그는 3개의 연결능선을 따라 대대를 끌고 포위된 아군 소총중대 근접거리까지 들어갔다. 부상을 당했음에도 그는 포위된 해병들을 만날 때까지 계속 앞으로 나아갔다. 다음날, 그는 앞장서서 중요한 고갯길을 확보하고, 부상병을 부축해 옮겼다. 적의 맹공격 속에서도 그는 고갯길에 아군 2개 연대가 배치될 때까지 중요지대를 지켰다. 12월 4일 아침, 그의 대대는 하갈우리에 온전히 도착했다.

듀언 E 듀이 상병 DEWEY, DUANE E.
1952년 4월 16일 한국 판문점에서의 공적으로 수훈. 제1해병사단 제5해병연대 제2대대 D중대 소속.

듀이 상병과 그의 부사수가 치료를 받던 도중 근처에 적 수류탄이 떨어졌다. 그러자 듀이 상병은 큰 고통에도 불구하고 바로 의무병을 밀치고 다른 해병들에게 위험을 알린 다음 수류탄을 몸으로 덮어 폭발을 온 몸으로 받아내 전우들이 죽거나 다치는 것을 막았다.

페르난도 루이스 가르시아 일병 GARCIA, FERNANDO LUIS
1952년 9월 5일 한국에서의 공적으로 수훈. 제1해병사단 제5해병연대 제3대대 I중대 소속.

적의 강력한 야간공격에 맞서 전초진지를 지키던 가르시아 일병은 큰 부상을 입었음에도 불구하고 근처에 떨어진 수류탄 위에 망설임 없이 몸을 던져 폭발을 온 몸으로 받아냈다. 그는 자신의 생명을 조국에 용감히 바쳤다. p

에드워드 고메즈 일병 GOMEZ, EDWARD
1951년 9월 15일 한국 749고지에서의 공적으로 수훈. 제1해병사단 제1해병연대 제2대대 E중대 소속.

고메즈 일병이 기관총 놓을 자리를 찾기 위해 자원해서 참호 안으로 들어갔을 때, 그와 기관총 사이에 적의 수류탄이 떨어졌다. 그러자 그는 전우들에게 소리쳐 위험을 알리고 수류탄을 손으로 잡았다. 그리고 망설임 없이 수류탄과 함께 도랑 속으로 들어가 온 몸으로 수류탄의 폭발을 받아냈다. 그의 용기와 희생에 감동한 전우들은 수적으로 우세한 적을 격퇴하는 영웅적인 전공을 세웠다. p

암브로시오 길렌 하사 GUILLEN, AMBROSIO
1953년 7월 25일 송구촌에서의 공적으로 수훈. 제1해병사단 제7해병연대 제2대대 F중대 소속.

적이 야음을 틈타 공격해 왔을 때 길렌 하사는 일부러 자신을 적의 사격에 노출시켜가며 부하들에게 진지를 지킬 것을 독려하고 부상자들의 치료와 후송을 감독했다. 그의 지휘능력에 감명받은 소대는 신속히 돌격해 적과 치열한 백병전을 벌였다. 그는 중상을 입었지만 적들이 패배해 후퇴할 때까지 부하들을 계속 지휘했고, 몇 시간 후 부상으로 쓰러졌다. 그가 보여준 용기와 투혼은 그의 소대가 수적으로 압도적인 적을 격퇴하는 데 크게 기여했다. p

제임스 E. 존슨 병장 JOHNSON, JAMES E.
1950년 12월 2일 한국 유담리에서의 공적으로 수훈. 제1해병사단 제7해병연대 제3대대 J중대 소속.

존슨 병장은 압도적인 적의 공격에 직면해, 소대장이 유고된 상황에서 지휘권을 인계 받아 소대원들을 독려하면서 사격을 잘 통제했다. 그의 소대가 후퇴할 때, 그는 소대원들을 엄호하기 위해 위험한 자리에 남았다. 그는 부상당한 채로 단신으로 적에게 돌진하며 수류탄을 던지고 백병전을 벌였으며, 그 이후로 그를 다시 본 사람은 없었다. 그의 용맹하고 감동적인 지휘 덕택에 그의 소대는 안전하게 후퇴하여 많은 생명을 구할 수 있었다. p

잭 W. 켈소 일병 KELSO, JACK WILLIAM
1952년 10월 2일 한국에서의 공적으로 수훈. 제1해병사단 제7해병연대 제3대대 소속.

적의 야습으로 소대장과 소대선임하사가 사상 당한 상황에서 켈소 일병은 용감하게 포화 앞에 자신을 노출시켜가며 부대를 재편하고, 공격해 오는 적을 격퇴했다. 적의 공격으로 벙커 속에 엄폐할 수 밖에 없었던 그는 적의 수류탄이 날아들자 망설임 없이 집어 던졌다. 수류탄의 폭발로 그는 손에 부상을 입었고, 적의 사격이 강해지자 벙커 밖으로 나가 적에게 사격을 가했다. 그 덕택에 벙커 안에 숨어 있던 해병들은 후퇴할 시간을 벌 수 있었다. p

로버트 S. 켄모어 하사 KENNEMORE, ROBERT S.
1950년 11월 28일 한국 유담리 이북에서의 공적으로 수훈. 제1해병사단 제7해병연대 제2대대 E중대 소속.

유담리 이북에서 수적으로 우세한 적들이 맹렬히 야습을 가해 와 E중대의 방어경계선이 뚫렸다. 소대장이 중상을 입은 상황에서 켄모어 하사가 소대의 지휘권을 인계 받았다. 적의 수류탄이 날아오자 그는 수류탄을 덮쳐 온 몸으로 폭발을 막아 동료 해병들이 다치는 것을 막았다.

존 D. 켈리 일병 KELLY, JOHN D.
1952년 5월 28일 한국에서의 공적으로 수훈. 제1해병사단 제7해병연대 제1대대 C중대 소속.

소대가 압도적인 적에 의해 고착된 상황에서 켈리 일병은 무전기를 내려놓고, 적의 주요 진지에 대한 공격에 참가했다. 그는 기관총 사격과 작렬하는 수류탄들을 뚫고 돌격해 적의 강화진지를 무력화시키고, 적 2명을 사살했다. 그는 큰 부상을 당했음에도 굽히지 않고 적 기관총 벙커를 공격해 격파하고 적 3명을 사살했다. 그의 단신 돌격은 계속되었고, 3번째 벙커를 공격해 영거리 사격을 퍼부었다. 그는 이런 영웅적인 활약을 벌이다가 적의 사격으로 부상당해 전사했다. p

허버트 A. 리틀튼 일병 LITTLETON, HERBERT A.
1951년 4월 22일 한국 청천에서의 공적으로 수훈. 제1해병사단 제7해병연대 제1대대 C중대 소속.

리틀튼 일병은 보초 근무 중 적의 야간 공격을 보고 바로 전방관측 팀에 경보를 발령한 다음 적군에 대한 포 사격 유도를 도왔다. 적의 수류탄이 날아들자 그는 망설임 없이 수류탄 위에 몸을 던져 온 몸으로 수류탄의 폭발을 막았다. 그의 즉각적이고 영웅적인 대처 덕택에 동료 팀원들은 죽거나 다치지 않을 수 있었고, 임무를 계속해 적의 공격을 격퇴할 수 있었다. p

발도메로 로페즈 중위 LOPEZ, BALDOMERO
1950년 9월 15일 한국 인천상륙작전에서의 공적으로 수훈. 제1해병사단 제5해병연대 제1대대 A중대 소속.

로페즈 중위는 적의 사격을 받으면서 수류탄 투척을 준비했으나, 수류탄을 쥔 팔을 들어올리는 순간 오른쪽 어깨와 가슴에 적 자동화기의 사격을 맞았다. 그는 뒤로 쓰러지면서 수류탄을 놓쳤다. 지독한 고통과 엄청난 출혈로 수류탄을 다시 집어 던질 수 없게 되자 그는 부하들을 살리기 위해 수류탄을 끌어안고 폭발을 온 몸으로 받아냈다. p

다니엘 P. 매튜스 병장 MATTHEWS, DANIEL P.
1953년 3월 28일 한국 베가스 힐에서의 공적으로 수훈. 제1해병사단 제7해병연대 제2대대 F중대 소속.

아군이 적에 대해 7번째 반격을 벌이고 있을 때, 매튜스 병장은 두려움 없이 진격의 선봉에 섰다. 그러나 그의 분대는 적의 살인적인 기관총 사격 앞에 진격하지 못하고 있었고, 의무병이 부상병을 옮기지 못하는 것을 본 그는 단신으로 돌격해 소총으로 기관총 진지를 격파했다. 적들은 매튜스를 막으려 사격을 집중했고, 그도 중상을 입었다. 그러나 그는 단신으로 돌격해 적들을 사살하고 적의 화력을 완전히 침묵시켰다. 이로서 그의 전우들은 부상병을 안전지대로 퇴각할 수 있었다. p

프레데릭 W. 모서트 III 병장 MAUSERT, FREDERICK W., III

1951년 9월 12일 한국에서의 공적으로 수훈. 제1해병사단 제7해병연대 제1대대 B중대 소속.

B중대가 적의 공격으로 고착되고 다수의 사상자를 내자 모서트 병장은 망설임 없이 엄폐진지를 나와 적의 사격이 난무하는 지뢰지대를 돌파해 중상을 입은 2명의 전우를 안전지대로 데려왔다. 그는 그 과정에서 머리에 부상을 입었지만, 부하들을 이끌고 착검돌격을 벌여 기관총 진지 및 여러 다른 진지들을 무력화시켰다. 그는 치료를 거부하고, 적의 포화 속으로 달려들어가 수류탄으로 또 다른 기관총 진지를 무력화시켰다. 그러나 그는 그 이후 적의 수류탄과 기관총을 맞고 부상당해 전사했다. P

알포드 L. 맥라린 일병 McLAUGHLIN, ALFORD L.

1952년 9월 4일 한국에서의 공적으로 수훈. 제1해병사단 제5해병연대 제3대대 L중대 소속.

맥라린 일병은 주저항선 전방에 있는 전략적으로 중요한 전초기지에 두 번이나 자원해서 배치되어, 밤새 두 정의 기관총과 1정의 카빈 소총, 수류탄으로 적을 향해 강력한 화력을 퍼부었다. 그는 부상을 당했지만 기관총이 과열되어 손에 화상을 입을 때까지 쏘아 대었다. 그리고 나서 기관총이 식는 동안 카빈 소총과 수류탄으로 계속 사격을 가했다. 그는 전우들을 독려해대며 사방에 총격을 가해 적병 약 150명을 사살하고 50명에게 부상을 입혔다.

프랭크 N. 미첼 중위 MITCHELL, FRANK N.

1950년 11월 26일 한국 한산리에서의 공적으로 수훈. 제1해병사단 제7해병연대 제1대대 A중대.

미첼 중위는 한산리 인근의 눈 덮인 숲을 정찰 중 적에게 기습 공격을 당하자 사격을 가하고 수류탄을 던졌다. 그는 동시에 부하들의 사격을 유도하고, 그들을 독려해 수적으로 우세한 적을 물리쳤다. 반격에 나선 그는 부상에도 불구하고 소대를 재편해 백병전의 선봉에 섰다. 그는 여러 차례 부상을 입었지만, 다른 부상자들이 후송되는 동안 선봉에 서서 적군과 혼자 싸우며 부하들의 후퇴를 엄호했다. 그러다 적의 사격을 받고 전사했다. 그의 용기와 무공으로 인해 여러 해병들이 목숨을 건졌고, 적은 큰 인명손실을 입었다. p

월터 C. 모네간 주니어 일병 MONEGAN, WALTER C., JR.

1950년 9월 17~20일 한국 소사리에서의 공적으로 수훈. 제1해병사단 제1해병연대 제2대대 F중대 소속.

9월 17일 해뜨기 전 참호를 파고 있던 모네간 일병은 6대의 적 전차가 대대 진지를 돌파하려는 것을 발견하고, 바주카포로 적 선도전차에 포격을 가했다. 살아남은 적 전차병을 사살한 그는 접근하는 다른 전차들에게도 포격을 가해 적의 공격 대형을 무너뜨리고 아군 전차병들이 사격을 가할 수 있게 해주었다. 9월 20일 적의 보전 합동부대가 대대 지휘소를 향하자, 그는 어둠 속에서 바주카포를 발사하여 적 전차에 명중시켰다. 그는 또 한 발을 발사했으나 조명탄이 터지고 그의 모습이 드러나 적의 기관총 사격을 받고 전사했다. p

위트 L. 모어랜드 일병 MORELAND, WHITT L.

1951년 5월 29일 한국에서의 공적으로 수훈. 제1해병사단 제5해병연대 제1대대 C중대 소속.

적 벙커 파괴 조를 이끌던 모어랜드 일병과 조원들에게 적의 수류탄 여러 발이 날아왔다. 그는 위험을 무릅쓰고 신속히 수류탄을 걷어차 아군을 지켰다. 또 다른 수류탄을 걷어차려고 하던 도중 그는 미끄러져 넘어졌다. 다시 일어서기 전 그 수류탄이 터질 것임을 깨달은 그는 몸으로 수류탄을 덮쳐 폭발을 온 몸으로 막아냈다. 그는 죽었지만 전우들이 죽거나 다치는 것을 막았다. p

레이몬드 G. 머피 소위 MURPHY, RAYMOND G.

1953년 2월 3일 한국에서의 공적으로 수훈. 제1해병사단 제5해병연대 제1대대 A중대 소속.

머피 소위는 소대를 지휘하던 도중 적 박격포탄에 부상을 입었다. 그러나 그는 치료를 거부하고 소대의 선두에 서서 적의 포화를 뚫고 고지를 올라 부하들을 독려하며 이끌었다. 그는 부상당한 해병을 안전지대로 직접 옮겼고, 뒤에 남아 아군의 후퇴를 엄호했다. 그는 산자락까지 내려왔다가 남은 부하가 없는지 다시 고지를 올랐다가, 1개 기관총 반원들의 시신들을 발견하고 그들을 산 아래로 져 날랐다. 부대 전체가 출발선으로 돌아가던 중 그는 또다시 부상을 입었지만 사상자를 포함한 모든 소대원들이 먼저 주 전선으로 돌아갔는지를 확인하기까지 치료를 거부했다.

레지널드 R. 마이어스 소령 MYERS, REGINALD R.
1950년 11월 29일 한국 하갈우리에서의 공적으로 수훈. 제1해병사단 제1해병연대제3대대 소속.

하갈우리에 있던 주요 전략 기지를 방어하던 마이어스 소령은 약 4천 명의 적을 상대로 반격을 시작했다. 숙련된 병사와 지휘관이 없다는 큰 약점에도 불구하고 그는 적의 포화에 자신을 노출시켜 가며 부하들을 지휘하고 공격을 계속했다. 크게 줄어든 부하를 데리고 눈 덮인 가파른 경사를 오르면서도 그는 뛰어난 기술로 야포 및 박격포 포격을 유도했다. 영하의 기온에서 벌어진 14시간의 치열한 전투에서 그는 부하 170명을 잃었지만 그는 계속 공격의 선봉에 서서 적 600명을 죽이고 500명에게 부상을 입혔다. 그의 이러한 행동은 경계선 유지에 크게 기여했다.

유진 A. 오브레건 일병 OBREGON, EUGENE ARNOLD
1950년 9월 26일 한국 서울에서의 공적으로 수훈. 제1해병사단 제5해병연대 제3대대 G중대 소속.

기관총 분대의 탄약수이던 오브레건 일병은 분대가 적의 사격으로 고착되자 망설임 없이 엄폐 위치에서 벗어나 부상당한 전우에게로 갔다. 적의 사격 하에서도 그는 전우에게 붕대를 감아주고 적의 사격으로부터 몸으로 부상병을 감싼 다음 카빈 소총으로 적에게 정확한 사격을 가했다. 그러나 그도 적의 기관총 사격으로 전사했다. 그의 용기와 임무에 대한 헌신적인 태도 덕분에 전우들은 부상병을 구하고 적의 공격을 격퇴할 수 있었다. P

조지 H. 오브라이언 주니어 해병군단, 소위 O'BRIEN, GEORGE H., JR.
1952년 10월 27일 한국에서의 공적으로 수훈. 제1해병사단 제7해병연대 제3대대 H중대 소속.

오브라이언 소위는 적을 공격하면서 진격의 선봉에 섰으나 팔에 총상을 입었다. 근거리에서 적과 마주친 그는 적 벙커 안에 수류탄을 던져 넣고, 카빈 소총을 사용해 백병전을 벌여 3명 이상의 적을 죽였다. 그는 수류탄 폭발로 3번이나 쓰러졌지만 치료를 거부하고 무려 4시간 동안이나 소대를 훌륭하게 지휘하며 계속 병사들을 독려했다. 그는 크나큰 역경에 처해서도 부대원들에게 끊임없이 힘을 주었고, 전략 거점의 탈환에 큰 공을 세웠다.

리 H. 필립스 상병 PHILLIPS, LEE H.

1950년 11월 4일 한국에서의 공적으로 수훈. 제1해병사단 제7해병연대 제2대대 E중대 소속.

필립스 상병은 미 해병대와 다른 아군이 이미 5번이나 공격했음에도 이기지 못한 적을 상대로 한 공격에서, 포격이 지나간 지역 속으로 부하들을 용감하게 이끌었다. 수적으로 매우 불리함에도 불구하고 그는 부대의 화력을 잘 활용하고, 자신의 병기를 정확하게 사용하여 수적으로 우세한 적을 격퇴했다. 그는 적의 요새를 붕괴시키는 데 결정적인 기여를 했다.

제임스 I. 포인터 병장 POYNTER, JAMES I.

1950년 11월 4일 한국 수동에서의 공적으로 수훈. 제1해병사단 제7해병연대 제1대대 A중대 소속.

포인터 병장은 뛰어난 기술과 용기로 분대를 이끌어, 진격해 오는 적에게 분대 화력을 유도했다. 그는 동료 해병들을 구하기 위해 수류탄으로 다수의 적과 함께 자폭해 숨졌다. 포인터 병장의 영웅적인 행동을 본 남은 해병들은 대오가 무너진 적을 격퇴했다. 이로서 이들의 소대는 적의 매복을 벗어나 전술적으로 더욱 유리한 위치로 이동했다. p

조지 H. 레이머 소위 RAMER, GEORGE H.

1951년 9월 12일 한국에서의 공적으로 수훈. 제1해병사단 제7해병연대 제3대대 I중대 소속.

레이머 소위와 그의 소대원 대부분은 적 진지에 대한 공격 중 부상을 당했다. 그러나 그는 계속 공격의 선봉에 섰다. 지형은 정상에 근접할수록 더욱 가팔라서 오르는 것이 위험했지만, 그는 계속 올라가 목표를 점령했다. 하지만 적의 반격으로 그 자리를 계속 지킬 수 없게 되자 그는 후퇴를 명령하고 후퇴하는 아군과 부상병들을 단신으로 지켰다. 그는 부하들에게 엄폐할 것을 명령한 후, 적에게 유린될 때까지 자리를 지키다가 전사했다. p

로버트 D. 림 소위 REEM, ROBERT DALE

1950년 11월 6일 한국 진흥리에서의 공적으로 수훈. 제1해병사단 제7해병연대 제3대대 H중대 소속

감제 고지 위에 있는 적의 대규모 보병부대를 격퇴하겠다는 의지에 불탄 림 소위는 적의 사격을 받으면서도 능선의 측면으로 소대를 이끌고 올라갔다. 계속되는 적의 사격으로 고착된 그는 4번째 공격을 위해 인원이 크게 줄어든 자신의 소대를 재편했다. 소대원들이 서 있던 자리에 적의 수류탄이 날아들자 그는 망설임없이 수류탄을 몸으로 덮쳐 자신을 희생하고, 소대원들이 죽거나 다치는 것을 막았다. 그의 뛰어난 용기와 냉정한 판단력, 그리고 고귀한 희생정신은 자신과 미 해군의 가장 큰 자랑거리이다. p

윌리엄 E. 슈크 주니어 하사 SHUCK, WILLIAM E., JR.
1952년 7월 3일 한국에서의 공적으로 수훈. 제1해병사단 제7해병연대 제3대대 G중대 소속

주 저항선 앞에 있는 적의 고지 진지를 공격하던 슈크 하사의 소대가 적의 강력한 사격에 직면했을 때, 그는 큰 부상을 당했음에도 치료를 거부하고 기관총 분대를 이끌어 공격을 계속했다. 소총 분대의 분대장까지 겸임하게 된 그는 2개 분대를 공격 부대로 조직하고, 적의 진지를 향해 용감하게 공격했다. 그는 두 번째 부상을 입고도 모든 사상자가 후송될 때까지 최전방에 남아 있었다. 마지막 사상자를 후송하는 임무에 지원했다가 적 저격수의 총에 맞은 슈크 하사를 본 모든 전우는 큰 감동을 받았다. p

로버트 E. 시마넥 일병 SIMANEK, ROBERT E .
1952년 8월 1일 한국에서의 공적으로 수훈. 제1해병사단 제5해병연대 제2대대 F중대 소속.

시마넥 일병의 부대가 매복에 걸려, 적 박격포와 소화기의 집중사격을 받아 다수의 사상자를 내자, 그는 근처의 참호 속으로 나머지 정찰대원들과 함께 엄폐물을 찾아 뛰어들었다. 하지만 그 참호 안으로 수류탄이 날아들자, 전우들을 구하기 위해 망설임 없이 수류탄 위에 몸을 던져 수류탄의 폭발을 온 몸으로 받아내어 전우들이 죽거나 다치는 일을 막았다.

레이몬드 G. 머피 해병군단, 대위 MURPHY, RAYMOND G.
1950년 11월 29일부터 11월 30일까지 한국 하갈우리에서의 공적으로 수훈. 머피 대위는 부상을 입었으나 대피하기를 거부하고, 적을 물리칠 때까지 싸움을 계속했다.

셰로드 E. 스키너 주니어 소위 SKINNER, SHERROD E., JR.
1952년 10월 26일 한국에서의 공적으로 수훈. 제1해병사단 제11해병연대 제2대대 F포대 소속.

적의 야포 및 박격포 사격으로 아군의 전초진지와 포대 사이를 잇는 연락선이 절단되자, 스키너 소위는 남은 대원들을 모아 전초진지를 방어할 것을 지시하고, 자신은 무전기로 적에 대한 포격 유도를 했지만 무전기는 망가져 있었다. 적군이 빠르게 거리를 좁혀오자 그는 두 번이나 벙커를 떠나 기관총사격을 가하고, 아군의 탄약과 수류탄 재보급을 도왔다. 그는 매번 큰 부상을 당했음에도 부상병들이 모두 치료를 받기 전까지 치료를 거부하며 용감하게 전투를 지휘했다. 전초진지가 적에게 점령되어 있던 동안, 벙커 안으로 수류탄이 날아들자, 그는 바로 수류탄을 덮쳐 자신을 희생하고 다른 대원들의 생명을 구했다. p

아치 반 윙클 하사 VAN WINKLE, ARCHIE
1950년 11월 2일 한국 수동에서의 공적으로 수훈. 제1해병사단 제7해병연대 제1대대 B중대 소속.

적이 야음을 틈타 전선 중앙을 관통해 소대를 고착시키자 윙클 하사는 자기 주변의 아군을 모아 공격에 앞장서서 적 전방 진지에 맹렬한 사격을 퍼부었다. 그와 부하들은 부상을 입었지만 재편에 필요한 시간을 벌어주었다. 좌익이 고립되었을 때 그는 그곳의 병사들과 상봉하고자 달리다가 적의 사격에 팔꿈치 부상을 입어 팔을 쓸 수 없게 되었다. 적의 수류탄으로 중상까지 입은 그는 후송을 거부하고, 인원이 크게 줄어든 소대에게 계속 지시와 격려를 보냈다. 결국 그는 쇼크와 과다출혈로 인해 의식불명 상태가 되어 그의 진지에서 나왔다.

조셉 비토리 상병 VITTORI, JOSEPH
1951년 9월 15일 한국 749고지에서의 공적으로 수훈. 제1해병사단 제1해병연대 제2대대 F중대 소속.

중대가 749고지에 엄폐한 강력한 적 부대를 상대할 때 예비 소대에 있던 비토리 상병은 소대원 2명과 함께 후퇴하는 아군을 가로질러 적의 한복판을 향해 돌격하여 치열한 백병전으로 적을 압도해 중대가 진지를 구축할 시간을 주었다. 하지만 시간이 지날수록 아군의 사상자는 늘어가고 증원부대는 후방에서 발이 묶여 참호에는 사상자들로 가득 찼다. 그는 자기 자리를 지키고, 적이 들어오지 못하게 막다가 적의 기관총과 소총 사격을 당해 전사했다. 다음날 아침 약 200구에 달하는 적의 시신이 발견되었고, 그는 중요 진지를 지켜내어 대대 전체 진지가 붕괴되는 것을 막는 데 공헌했다. p

루이스 G 왓킨스 하사 WATKINS, LEWIS G.

1952년 10월 7일 한국에서의 공적으로 수훈. 제1해병사단 제7해병연대 제3대대 중대 소속.

지난 밤 적에게 점령된 전초진지를 탈환하라는 명령에, 왓킨스 하사는 대원들을 이끌고 목표 고지를 올랐다. 그는 적의 맹렬한 사격과 수류탄 투척으로 부상을 입었지만, 자동소총을 들고 아군의 공격을 저지하던 적의 기관총 진지를 격파하는 것을 도왔다. 적의 수류탄이 그와 부하들 사이에 떨어지자 그는 부하들을 옆으로 밀치고 수류탄을 집어 들어 참호 밖으로 던지려고 했으나, 그 순간 수류탄이 폭발하면서 왓킨스 하사는 전사했고, 전우들의 생명을 구했다. p

해럴드 L. 윌슨 기술하사관 WILSON, HAROLD E.

1951년 4월 23일부터 24일 사이에 한국에서의 공적으로 수훈. 제1해병사단 제1해병연대 제3대대 G중대 소속.

야음을 틈탄 적의 공격에 중대 전초진지가 유린되자, 윌슨 하사관은 소대원들이 돌아올 수 있게 위험을 무릅쓰고 맹렬히 사격을 가했으며, 부상자에 대한 치료를 지시했다. 그도 적의 사격에 부상을 당했지만 치료를 거부했다. 부상으로 양팔로 총을 쏠 수 없게 된 그는, 부상자로부터 수거한 소총과 탄약을 재분배했다. 그러나 적의 박격포탄이 그의 눈앞에서 작렬하면서 그는 양 발을 또 잃었다. 그는 계속 치료를 거부하고 여러 개인 호를 돌아다니며 사격을 지시하고, 전우들을 독려했다. 불리한 상황에 놓였어도 그는 전우들에게 자신감을 심어주었다. 마지막 공격을 격퇴한 새벽, 그는 소대의 잔여인원을 점검하고 혼자서 진료소까지 800m를 걸어가 치료를 받았다.

윌리엄 G. 윈드리치 해병군단, 하사 WINDRICH, WILLIAM G.

1950년 12월 1일 한국 유담리에서의 공적으로 수훈. 제1해병사단 제5해병연대 제3대대 중대 소속.

적이 중대 진지에 기습적으로 반격을 가하자, 윈드리치 하사는 감당할 수 없는 상황임에도 카빈 소총을 들고 선두에 서서 적에 맞서 둔덕의 정상으로 돌격했다. 적의 화력은 막강했지만 그는 효과적인 사격을 지시해 후퇴하는 아군을 엄호했다. 그는 머리에 수류탄 파편을 맞고도 지원병들을 데리고 얼어붙은 산자락에서 부상자와 중상자를 후송했으며, 자신의 치료는 거부했다. 이후 전투에서 다리에 부상을 입었음에도 불구하고, 그는 후송을 거부하며 소대를 지휘해 적의 공격을 격퇴하고 방어 진지를 세웠다. 그러다가 그는 지독한 추위와 과다출혈, 엄청난 고통을 이기지 못하고 의식불명 상태로 쓰러져 숨을 거두었다. p

3. 해군

에드워드 C. 벤폴드 위생병 3급 BENFOLD, EDWARD C.

1952년 9월 5일 한국에서의 공적으로 수훈. 제1해병사단 소속.

적이 야음을 틈타 중대에 대대 규모 병력으로 돌격해 왔을 때, 벤폴드 상병은 진지 사이를 다니며 부상자들을 치료하고 격려했다. 그는 자신의 진지를 부상자 치료를 위해 내주고 노출된 능선을 향해 움직였다. 그러다 그는 거대한 폭발공 속에 해병대원 두 명이 있는 것을 보았다. 그가 다가가자 적이 폭발공 안으로 두 발의 수류탄을 던졌고, 또 다른 두 명의 적이 폭발공으로 돌격해 왔다. 그 순간 그는 수류탄을 양손에 하나씩 들고 적들을 향해 돌격, 수류탄을 두 적병의 가슴에 박아 넣은 상태로 폭발하여, 두 적병과 함께 전사했다. 그의 영웅적인 행위로 두 명의 전우를 구했다. p

윌리엄 R. 샤레트 병원 위생병 3급 CHARETTE, WILLIAM R.

1953년 3월 27일 한국 베가스 힐에서의 공적으로 수훈. 제1해병사단 제7해병연대 제2대대 F중대 소속.

전초 진지를 놓고 벌어진 전투에서 샤레트 상병은 부상당한 아군을 구하러 적의 강력한 소화기와 박격포 사격을 뚫고 계속 움직였다. 그가 돌보던 해병대원 옆에 수류탄이 떨어지자, 그는 바로 몸으로 부상병을 덮었다. 폭발로 인해 안면에 큰 부상을 입고, 쇼크까지 입었지만 그는 자신의 옷을 찢어 붕대를 만든 다음 부상병에게 치료를 계속했다. 그는 안전지대로 후송되는 부상병의 고통을 완화하고자 참호 선에 서서 몸을 적의 사격에 노출시켰다. 그는 뛰어난 용기와 감동적인 투지로 많은 생명을 구했다.

리차드 디 워트 병원요원 DEWERT, RICHARD DAVID

1951년 4월 5일 한국에서의 공적으로 수훈. 제1해병사단 소속.

워트 의무병은 적의 공격을 받는 상황 하에서 여러 명의 부상병을 돕기 위해 움직였다. 부상병을 후송하던 중에 다리에 큰 부상을 입었음에도 치료받기를 거부하고 포화 속으로 다시 뛰어들어 2명의 부상병을 더 구해냈다. 그러나 이 과정에서 어깨에 또 중상을 입었다. 그는 여전히 치료받기를 거부하고, 네 번째 부상병을 구하러 갔다. 그는 그 부상병에게 치료를 해주다가 적의 사격을 받고 전사했다. p

프란시스 C. 해몬드 병원요원 HAMMOND, FRANCIS C.
1953년 3월 26~27일 한국에서 세운 공적으로 수훈. 제1해병사단 제5해병연대 제1대대 소속.
해몬드 의무병은 부상당한 동료들을 구하기 위해 포화를 뚫고 결연하게 움직였다. 그는 중상을 입었음에도 적이 4시간 동안이나 박격포와 야포로 치열한 사격을 가해오는 동안 부상병들을 돌봤다. 후퇴 명령이 내려졌을 때 그는 노련하게 부상자 후송을 지휘하고, 다른 의무병들을 돕기 위해 끝까지 남았다. 그러다가 그는 적의 박격포탄에 피격되어 전사했다. 그는 뛰어난 용기와 결단력, 희생정신으로 많은 해병대원의 생명을 살렸다. p

존 E. 킬머 병원요원 KOELSCH, JOHN KELVIN.
1952년 8월 13일 한국에서의 공적으로 수훈. 제1해병사단 제7해병연대 제3대대 소속.
그의 중대가 주 저항선 전방 방향으로 멀리 떨어진 매우 중요한 고지를, 적의 집중공격으로부터 지키고 있을 때, 킬머는 적의 강력한 박격포, 야포, 저격에도 불구하고 부상병들을 치료하고 그들의 후송을 도왔다. 그런 과정에서 큰 부상을 입었지만 적의 포화를 뚫고 부상당한 해병을 도우러 갔다. 그는 부상병에게 응급처치를 했고, 가까운 곳에 적의 포화가 떨어지자 자신의 몸으로 그 해병을 지켰다. 그는 포탄 파편에 맞아 전사했지만, 엄청난 용기와 희생정신으로 전우의 생명을 구했다. p

토마스 J. 허드너 주니어 중위 HUDNER, THOMAS JEROME, JR.
1950년 12월 4일 한국 장진호에서의 공적으로 수훈. U.S.S. 레이테 호의 제32전투비행대대 소속.
허드너 중위의 동료 조종사인 제시 브라운 소위는 미국 최초의 흑인 해군 조종사였다. 브라운 소위의 비행기가 적 후방에 추락하자 그는 위험을 무릅쓰고 적진 속에 착륙했다. 그는 영하의 기온 속에서도 아직 살아 있을 거라 믿고, 불타는 비행기 잔해 속에 갇힌 브라운 소위를 맨손으로 꺼내려 했으나 성공하지 못했다. 그는 지원 요청을 했고, 구조기 조종사가 오기까지 시간, 추위, 화마를 상대로 필사적인 싸움을 했다.

존 K. 코엘쉬 중위 KOELSCH, JOHN KELVIN.
1951년 7월 3일 북한에서의 공적으로 수훈. 해군 구조 헬리콥터 비행대.
코엘쉬 중위는 격추당한 해병대 조종사를 구하기 위해 자원해서 헬리콥터를 타고 목표 지점으로 날아갔다. 그가 탄 헬리콥터는 비무장임에도 불구하고, 생존자를 찾기 위해 초 저고도로 내려갔다. 적의 사격으로 그의 헬리콥터는 피격되었지만, 그는 심한 화상을 입은 해병대 조종사를 찾아냈다. 그 조종사를 밧줄로 매달아 끌어올리던 중, 헬리콥터는 또 다시 적탄에 피격되어 추락했다. 그는 다른 승무원들과, 해병대 조종사를 이끌고 적을 피해 9일 동안 도피하며 부상자를 치료하다가 끝내 북한군에게 포로로 잡혔다. 그는 포로 생활 중 죽었지만, 그는 북한군을 돕기를 거부했으며, 용기와 타인에 대한 배려로 다른 포로들에게 큰 감동을 주었다. p

4. 공군

조지 A. 데이비스 소령 DAVIS, GEORGE ANDREW, JR.
1952년 2월 10일 신의주-압록강 지역에서의 공적으로 수훈.
제5공군 제4전투비행전대 제334전투비행대대 소속
경험 많고 영웅적인 조종사인 데이비스 소령은 59번째 전투 임무를 수행하면서 12대의 적 전투기(MIG-15)에 맞서 아군 폭격기 비행대를 지키다가 전사했다. 그는 대담한 공격과 자기 희생으로 적의 편대를 완전히 흐트러뜨려, 아군 전폭기가 임무를 달성할 수 있도록 했다. p

찰스 J. 로링 주니어 소령 LORING, CHARLES J., JR.
1952년 11월 22일 강원도 저격수 능선에서의 공적으로 수훈.
제8전투폭격비행단 제80전투폭격비행대대 소속
로링 소령은 급강하 폭격 도중 자신에게 쏟아지는 적의 대공포화를 무릅쓰고 저돌적인 공격을 감행, 기체와 함께 적의 포좌를 공격했다. 그는 자신을 돌보지 않은 영웅적인 행동으로 적의 포좌를 완파하고, UN 지상군에 대한 위협을 제거했다. p

루이스 J. 세빌 소령 SEBILLE, LOUIS J.
1950년 8월 5일 한국 함창에서의 공적으로 수훈.
제5공군 제18전투폭격비행전대 제67전투폭격비행대대 소속.
세빌 소령의 F-51 전투기는 공격 도중 대공포화에 크게 파손되었지만 탈출하지 않고 적에게 최대한의 피해를 입히기 위해 공격을 계속했다. 그의 뛰어난 지휘능력과 용기, 임무에 대한 헌신은 그의 상관과 부하 모두를 감동시켰으며, 미 공군과 UN군의 가장 큰 자랑이 되었다. p

존 S. 웜슬리 주니어 대위 WALMSLEY, JOHN S., JR.
1951년 9월 14일 한국 영덕에서의 공적으로 수훈.
제3폭격비행전대 제8폭격비행대대 소속.
웜슬리 대위는 적의 보급 열차를 발견한 후, 적의 강력한 대공포화 앞에 자신의 항공기를 노출시켜 가며 적의 치열한 탄막 사격을 뚫고 용감하게 전진했다. 그리고 적의 보급품들을 파괴하였다. 그는 목숨이 위험한 상황에서도 영웅적인 결단과 용기를 보여주어 그 자신과 미 공군의 가장 큰 자랑이 되었다. p

| 인물정보 |

맥아더 Douglas MacArthur 장군

1950년 주일 연합군 최고사령관과 미 극동사령관을 겸하고 있던 맥아더 장군은, 6월 25일 북한이 남침을 하자 전황을 파악하기위해 한국전선 시찰을 결심했다. 서울 함락 이틀째인 29일 06시 10분 맥아더는 전용기를 타고 한국으로 향했다. 그의 시찰에는 극동공군사령관 스트레이트 메이어 중장, 참모장 알몬드 소장, 작전참모 라이트 소장, 정보참모 윌로비 소장, 주일 연합군사령부 민정국장 휘트니 준장, 도쿄특파원이 수행했다.

맥아더는 수원비행장에 도착했고, 서울 시가지와 한강을 시찰하면서 미 지상군 전투부대를 투입해야만 한국을 북한군으로부터 구할 수 있다고 판단했다. 전선 시찰을 마친 맥아더는 18시 15분 일본으로 향했다.

맥아더는 전선 시찰보고서를 작성하여 국방부로 보냈고, 워싱턴은 지상군 파견을 결정했다. 맥아더의 적절한 전선시찰이 미군의 신속한 군대 증원으로 이어졌고 압록강까지 밀고 올라가게 되었다.

하지만 중공군의 개입으로 전세가 밀리는 상황이 되자 트루만 대통령은 한국이 38선에서 분단된 채로 있기를 원했고, 이에 반해 맥아더는 중국과 전면전을 원했다.

트루먼 대통령은 고심 끝에 마셜 · 브래들리 · 애치슨 · 해리먼 등 합동참모들과 협의를 거쳐 51년 4월 11일 맥아더를 해임했다. 그의 후임으로 미 제8군사령관 리지웨이 장군을 임명했다. 맥아더 장군의 해임은 미 제8군은 물론 한국전쟁 전체에 큰 전환점이 되었다.

에드워드 알몬드 Edward Mallory "Ned" Almond 장군

1892년 버지니아 출신으로, 1915년 버지니아 군사학교 졸업하고, 1949년 2월 맥아더의 극동군사령부 참모장이 되었다. 1950년 8월 26일 소장의 계급으로 신설된 제10군단 사령관에 임명되었고, 1951년 2월 15일 중장으로 진급했다. 7월 15일까지 제10군단을 지휘했으며, 육군대학 학장으로 지내다 1953년 예편했다. 1979년 사망했다.

존 무초 John Muccio 대사

초대 대사 무초는 1948년 7월 20일 특별사절로 부임했다가, 49년 1월 1일 미국이 한국을 승인하고 대표부를 대사관으로 승격한 후인 4월 20일부터 대사직을 수행했다. 그는 52년 6월까지 재임하면서 전쟁으로 어려운 한국을 위해 애썼다.

올리버 P 스미스 Oliver P Smith 소장

미국 해병대의 4성 장군. 한국 전쟁 당시 인천 상륙 작전과 장진호 전투에서 제1해병사단을 지휘했으며, 특히 장진호 부근 하갈우리에 야전 비행장을 설치하여 부상자, 보급품, 및 보충병을 후송시켜 제1해병사단의 전멸을 방지하였다.

그가 지휘한 제1해병사단은 제9군단에 두 달 정도 배치되어 있었고, 1952년 3월까지는 제10군단에 소속되어 있었다. 제10군단 지휘관인 알몬드 소장과 사이가 극히 안 좋았다고 알려져 있다. 1953년 7월 중장으로 진급하였고 1955년 9월 1일 대장으로 예편하였다. 1977년 12월 25일, 캘리포니아 주 로스알토스에서 84세의 나이로 사망했다.

데이비드 딘 러스크 David Dean Rusk

1961년부터 1969년까지 존 F. 케네디와 린든 B. 존슨 아래에서 8년간 국무 장관을 지낸 미국의 정치인.

1945년 8월 전략정책단 정책과 과장으로 있을 때, 일본군의 항복 조건들이 담긴 항복문서 '일반명령 제1호' 가운데 한반도와 극동 지역에 관계된 부분의 초안 작성 임무를 맡았으며, 1950년부터 1952년까지 미국 국무부 동아시아 태평양담당국 차관보를 지냈다.

현봉학

현봉학은 1950년 12월 21일, 미 제10군단장 알몬드 사령관의 동의를 얻어 눈보라가 휘몰아치는 흥남부두에 모인 북한 주민 100,000여 명을 메러디스 빅토리호 등 수송선에 싣고 거제도로 피난시키는데 결정적인 역할을 한 장본인이다. 현봉학 박사는 한국전쟁 후 미국의 의과대학에서 재직하면서 임상병리학 분야에서 많은 업적을 남겼고, 1966년 귀국 후에는 아주대학교 의대에서 후학을 양성했다.

매튜 리지웨이 Matthew Ridgway 장군

버지니아 출생, 웨스트포인트 졸업. 1950년 한국전쟁 중 교통사고로 사망한 미 제8군 사령관 워커의 후임으로 한국전쟁에 참여. 1951년 맥아더가 트루먼대통령에 의해 해임되자 대장으로 진급과 동시에 맥아더의 뒤를 이어 연합군 최고 사령관, UN군 사령관이 되었다. 한국전쟁 이후 NATO 사령관, 미 육군참모총장 등을 거쳐 퇴역하였다. 1993년 사망 후 알링턴 국립묘지에 안장 되었다.

프랑스 랄프 몽클라르 Ralph Monclar 중장

본명은 마그렝-베르네리, 16살에 프랑스 외인부대에 입대했고, 육군사관학교를 졸업했다. 1,2차세계대전을 겪으면서 많은 공을 세웠다. 1950년 이미 3성 장군인 그는 프랑스가 UN군으로 한국전쟁에 1개 대대를 파견하기로 결정하자 그 부대를 지휘하겠다고 자청했다. 군대 내 지휘체계를 위해 자신의 계급을 3성 장군에서 스스로 중령으로 낮추었다.

| 찾아보기 |

ㄱ

고든 M. 크레이그　219

고토리　131, 136, 236

국민당군　168, 169

군우리 전투　135, 176

길버트 G. 콜리어　219

김포 비행장　72, 73, 76, 86, 87, 91, 96

ㄴ

나폴레옹　102, 158, 194

남산　87, 89, 90

넬슨 V. 브리틴　218

노르망디　63, 158

노아 O. 나이트　225

니콜라스 스파이크만　19, 38

ㄷ

다니엘 D. 스쿠노버　231

다니엘 P. 매튜스　240

다윈 K. 카일　226

다이이치 빌딩　47

다치카와　147, 148

단장의 능선　166, 179, 185, 186, 195, 218

던커크 작전　59

데이비드 B. 샴페인　237

데이비드 M. 스미스　232

데이빗 B. 블릭　218

도널드 R. 모이어　228

돈 C. 페이스 주니어　221

돈 F. 포터　230

듀언 E 듀이　238

드위트 암스트롱　29

딘 러스크　37, 254

ㄹ

랄프 E. 포메로이 229
랄프 몽클라르 161, 255
레무엘 셰퍼드 55
레스터 해몬드 주니어 222
레이 E. 듀크 221
레이몬드 '레이' 머레이 78, 80, 82,
　　85, 86, 87, 131
레이몬드 G. 머피 242, 245
레이몬드 데이비스 G 238
레이몬드 하비 223
레지널드 B. 데시데리오 220
레지널드 R. 마이어스 243
로널드 E. 로저 230
로돌포 P. 허맨데즈 224
로렌 R. 카프맨 225
로버트 D. 림 244
로버트 E. 시마넥 245
로버트 H. 영 235
로버트 M. 맥거번 227
로버트 S. 켄모어 239
로버트 영 179, 180, 181, 189, 190
로이드 L. 버크 218

루더 H. 스토리 232
루이스 '체스티' 풀러 78, 80, 81, 82,
　　84, 87, 130
루이스 G 왓킨스 247
루이스 J. 세빌 251
루이스 L. 밀렛 228
루프너 142, 148
리 H. 필립스 244
리 R. 하텔 223
리로이 A. 멘돈카 227
리지웨이 30, 158, 159, 161, 169,
　　170, 178, 179, 194, 203, 255
리차드 G. 윌슨 235
리차드 디 워트 248
리차드 토마스 쉬어 231
린 스미스 Lynn Smith 57

ㅁ

마라톤 전투 62
마셜 19, 30, 110, 204, 205, 209, 253
마운트매킨리 함 74, 144, 147
맥 A. 조던 224

맥아더 30, 45, 62, 78, 90, 93, 109,
　　　151, 167, 175, 195, 204, 206

맥카시 209

맥카프리 대령 78

멀 밀러 111

메리만 스미스 111

멜빈 L. 브라운 218

멜빈 O. 핸드리치 223

몬테주마의 영웅 132

미 합동참모본부 59, 67, 109

미첼 레드 클라우드 주니어 230

ㅅ

사뮤엘 스트레잇 코슨 219

샌프란시스코 194

셔먼 61, 68

셰로드 E. 스키너 주니어 246

스모키 조 5, 30, 101

스타스 앤 스트라이프스 127

스탈린그라드 63, 135

스탠리 R. 크리스찬슨 237

스탠리 T. 아담스 217

시저 102

ㅂ

바르샤바 전투 63

반덴버그 61, 68

발도메로 로페즈 240

밴스 210, 212

버지니아 군사학교 55, 67, 253

베니토 마르티네즈 227

벤자민 F. 윌슨 234

브라이언트 H. 워맥 235

블랙 다이아몬드 갱 187

빌리 G. 카넬 225

ㅇ

아이나 H. 잉맨 주니어 224

아이젠하워 21, 26, 30, 158, 204,
　　　207, 209

아치 반 윙클 246

알 윌더 131

알라모 51

알렉산더 헤이그 61

알몬드 25, 29, 45, 47, 54, 74, 89,
　　　102, 115, 119, 138, 151, 157,
　　　168, 175, 178, 253

알솝 49

알포드 L. 맥라린 241

암브로시오 길렌 239

애치슨 169, 253

앤드류 잭슨 59

앤디 굿패스터 38

앤서니 T. 카호 오하노하노 224

어네스트 E. 웨스트 234

어니스트 R. 쿠마 226

얼 '버스' 휠러 212

에드워드 C. 벤폴드 248

에드워드 C. 크르지조스키 226

에드워드 R. 스코월터 주니어 231

에드워드 고메즈 238

에모리 L. 베넷 217

에밀 카펀 신부 225

에이브 링컨 19, 37, 38, 40, 151

영 장군 183

오마 브래들리 30, 61, 62, 68, 253

오브리 스미스 157

올라 L. 마이즈 228

올리버 P. 스미스 80, 253

요한 크리스티안손 181

우드 장군 5, 8, 21, 25, 26, 101, 150, 194, 204

우드로 W. 키블 225

워커 65, 103, 142, 151, 158

워털루 전투 62

월터 C. 모네간 주니어 242

웨스트모어랜드 199

웨이크 섬 111, 152

위트 L. 모어랜드 242

윌러비 29, 115, 154

윌리엄 B. 보 236

윌리엄 E. 바버 236

윌리엄 E. 슈크 주니어 245

윌리엄 F. 딘 50, 220

윌리엄 F. 라이엘 227

윌리엄 G. 윈드리치 247

윌리엄 R. 샤레트 248

윌리엄 R. 제슬린 224

윌리엄 S. 시트만 231

윌리엄 톰슨 233

윌버트 '빅 풋' 브라운 131

유제프 피우스트스키 63

유진 A. 오브레건 243

이승만 21, 69, 93, 94, 95, 96, 169

이재전 200, 201, 202

인천상륙작전 6, 21, 30, 43, 63, 68, 102, 178, 240

1243고지 179, 180, 181, 183, 184, 195

ㅈ

장진호 30, 120, 127, 154

잭 A. 데븐포트 237

잭 G 핸슨 223

잭 W. 켈소 239

제롬 A. 수더트 233

제리 K. 크럼프 220

제임스 E. 존슨 239

제임스 I. 포인터 244

제임스 L. 스톤 232

제임스 랜드럼 57

제임스 밴 플리트 166, 169, 178, 179

조셉 C. 로드리게이즈 230

조셉 R. 올레트 228

조셉 마틴 168

조셉 비토리 246

조지 A. 데이비스 251

조지 D. 리비 226

조지 H. 레머 244

조지 H. 오브라이언 주니어 243

조지 워싱턴 71

존 A. 피트만 229

존 D. 켈리 240

존 E. 킬머 249

존 K. 코엘쉬 250

존 S. 웜슬리 주니어 251

존 U.D. 페이지 229

존 W. 콜리어 219

존 무초 47, 48, 253

존 베리모어 62

존 에세배거 주니어 221

주니어 D. 에드워즈 221

지평리 162, 164, 165, 166, 231

ㅊ

찰스 B. 스미스 50

찰스 F. 펜들튼 229

찰스 G. 아브렐 236

찰스 H. 바커 217

찰스 J. 로링 주니어 251

찰스 L. 길리랜드 222

찰스 R. 롱 227

찰스 W. 터너 233

찰스 조지 222

철의 가슴 158

철의 삼각지 170

청천강 112, 120, 135, 136, 165

청천분지 170

초기 베어러스 174

ㅋ

칼 H. 도드 220

코넬리어스 H. 찰튼 219

콜린스 61, 67

퀀티코 86

크로마이트 54

크리스마스 카고 작전 144, 154

크리시 62, 63

클레어 굿블러드 222

클로비스 바이어스 178

클리프튼 T. 스파이커 232

ㅌ

타데우스 코시우스코 71

태평양전쟁 26, 37, 58

태평양함대 55

테일러 212, 213

토니 K. 부리스 218

토마스 J. 허드너 주니어 249

트래비스 E. 왓킨스 234

트루먼 21, 48, 55, 68, 110, 151, 167, 195, 206, 253, 255

티보 루빈 230

ㅍ

패튼 30, 158

페르난도 루이스 가르시아 238

페어뱅크스 95, 103

펜타곤 59

펠로폰네소스 전쟁 61

평양 37, 106, 112, 134, 151, 225

평화의 지리학 19, 38

포니 142

포트 베닝 194

프란시스 C. 해몬드 249

프랭크 N. 미쉘 241

프랭크 밀드렌 175

프레데릭 W. 모서트 III 241

프로데릭 F. 헨리 223

피의 능선 166, 179, 195

흥남철수작전 138, 150, 154

히로시 H. 미야무라 228

ㅎ

하우즈 보드 테스트 210, 213

한니발 102

함흥 119, 120, 136

해럴드 L. 윌슨 247

해리 펠트 212

허버트 A. 리틀튼 240

허버트 K. 필릴라우 229

헤이든 보트너 190, 192

헥터 A. 카페라타 주니어 236

헨리 A. 커미스키 시니어 237

헨리 스벨라 233

헬기투입작전ACTIV 7, 213

현봉학 142, 254

휴버트 L. 리 226

흥남 21, 112, 119, 131, 136, 138,
   139, 142, 194, 238, 254

운명의 1도

1판 3쇄 발행 2014년 7월 7일

지은이 에드워드 L. 로우니
옮긴이 정수영

펴낸 곳 도서출판 후아이엠
주소 서울특별시 종로구 대학로 11길 23
(서울특별시 종로구 명륜4가 113-1, 스타시티빌딩 5층)
전화 070-8872-1618 **팩스** 02-414-5507

ISBN 978-89-965536-5-6

이 책의 저작권은 저자와의 독점 계약으로 후아이엠에 있습니다.
저작권법에 의해 한국 내에서 보호를 받는 저작물이므로 무단전재와
복제를 금합니다.